KB178182

아메리카노와 함께 읽는 플랫폼 경제

미국의 반독점 규제

아메리카노와 함께 읽는 플랫폼 경제

발 행 | 2022년 03월 03일
저 자 | 송인근
펴낸이 | 한건희
펴낸곳 | 주식회사 부크크
출판사등록 | 2014.07.15.(제2014-16호)
주 소 | 서울 금천구 가산디지털1로 119, SK트윈타워 A동 305호
전 화 | 1670 - 8316
이메일 | info@bookk.co.kr

ISBN | 979-11-372-7283-5

www.bookk.co.kr
© 송인근 2022

본 책은 저작자의 지적 재산으로서 무단 전재와 복제를 금합니다.

아메리카노와 함께 읽는 플랫폼 경제

송인근 지음

CONTENT

"플랫폼 경제와 생산성"을 주제로 한 팟캐스트 아메리카노 두 번째 시즌을 후원해주신 재단법인 탄천연구포럼과 아메리카노 애청자분들 덕분에 이 책이 나올 수 있었습니다. 감사드립니다.

1. 들어가며: 디지털 시대의 경제와 플랫폼

21세기 들어 디지털 경제를 선도하는 플랫폼들이 각 분야의 핵심적인 네트워크로 자리매김했다. 이들은 시장에서 문지기(gatekeeper) 역할을 하며, 이미 많은 사람의 일상에 큰 영향을 미치고 있다. 플랫폼에 의존할 수밖에 없는 수많은 제조업체와 소매상, 개발자와 소비자들은 플랫폼이 제공하는 인프라 위에서 경제 활동을 영위한다. 구글(알파벳), 아마존, 애플, 페이스북(메타)으로 대표되는 미국의 사례가 가장 독보적이긴 하지만, 이런 흐름은 유럽과 중국은 물론 한국에서도 나타나고 있다.

디지털 경제의 특징은 무엇일까? 유럽연합 집행위원회 보고서가 꼽은 디지털 시대 경제의 특징은 다음 세 가지다.[1]

1. 규모의 경제에 대한 보상이 매우 크다.

디지털 경제에서는 한계생산비용이 0에 가깝다. BTS의 1,000,001번째 음원을 소비자에게 팔기 위해 재생하는 데 추가로 드는 비용과 현대자동차가 1,000,001번째 GV70 차량을 소비자에게 팔기 위해 차를 제조하는 데 추가로 드는 비용을 비교해보면 된다. 물론 규모의 경제라는 개념은 산업혁명 이후 제조업 생산 과정에 적용된 용어지만, 이론적으로는 제품을 거의 무한히 복제할 수 있는 디지털 경제에서는 규모의 경제에 대한 보상이 전과 비교할 수 없을 만큼 매우 크다. 규모의 경제를 효과적으로 달성하면 실질적인 진입장벽을 쌓아 확실한

이윤을 보장받을 수 있으므로, 디지털 경제를 주도하는
기업들은 규모를 늘리는 데 초기 자본과 역량을 쏟아붓는다.

2. 네트워크 효과

디지털 시대에 기술이나 서비스의 효용은 얼마나 많은 사람이
그 기술, 서비스를 이용하느냐에 달렸다. 이용자가 이제 갓
10만 명을 넘은 소셜미디어와 10억 명이 쓰는 소셜미디어
가운데 고객이 어떤 서비스를 택할지는 자명하다. 고객이 많은
곳에 광고가 붙고 돈이 모이는 원리는 오래전부터 목이 좋은
데 장이 서고 광고판이 설치됐던 이유와 똑같다.
그렇다면 후발주자는 어떻게 해야 기존의 서비스를 따라잡을
수 있을까? 더 좋은 서비스, 더 싼 가격은 기본이다. 이미 포화
상태인 시장에서 새로운 고객층을 발굴할 수 없다면 결국 기존
서비스를 이용하는 10억 명 가운데 일부를 열심히 설득해서
빼 와야 할 것이다. 이때 네트워크 효과가 발목을 잡는다.
아무리 서비스의 질을 개선하고 값을 낮춰도 (심지어 돈이나
사은품을 줘도) 소셜미디어의 효용은 이용자의 숫자에 달렸기
때문에 고객들이 좀처럼 넘어오지 않는다.
기존 서비스 사업자가 누리는 이점을 "현직 이익(incumbency
advantage)"이라고 하는데, 네트워크 효과로 인해 나타나는
이런 이익은 후발주자에게는 넘기 어려운 진입장벽이 된다.

3. 데이터의 역할

디지털 경제에서는 데이터가 전부다. 데이터가 곧 돈이고,
데이터가 곧 사업의 성패를 결정한다고 해도 과언이 아니다.

지금 성공한 빅테크 기업들이 상품과 서비스를 출시, 운영한 주요 목표 가운데 하나는 어떻게든 가능한 한 많은 데이터를 손에 넣는 일이었다. 이들은 필요하면 다른 기업을 인수하고 경쟁자를 물리치면서 끊임없이 데이터를 확보해 지금에 이르렀다. 기술이 발달하면서 기업들이 수많은 데이터를 모으고 저장해 활용할 수 있게 됐다. 데이터는 인공지능 개발에만 쓰이는 게 아니라, 수많은 온라인 서비스를 구축하고 생산 과정과 물류의 효율을 높이는 데 없어서는 안 될 역할을 하고 있다. 빅데이터(big date)를 이길 수 있는 건 더 큰 데이터(bigger data)밖에 없다는 말이 나올 정도다. 얼마나 많은 데이터를 확보하고 활용할 수 있느냐는 혁신적인 신규 서비스와 상품을 만들어 경쟁력을 높이는 데 가장 중요한 원동력이다.

유럽연합 집행위원회 보고서는 위의 세 가지 특징이 더해져 강력한 '범위의 경제(economics of scope)'가 나타난다고 지적했다. 여기서 범위의 경제란 디지털 플랫폼 생태계에서 규모의 경제를 효과적으로 이룩해 지배적인 플랫폼이 된 사업자만 유리한 기회를 독식하는 시스템을 말한다. 실제로 이미 몸집이 커진 디지털 플랫폼은 규제하기가 매우 까다롭다. 지배적인 플랫폼이 경쟁을 저해하고 시장 질서를 흐트러뜨릴 위험도 크다.

플랫폼 사업자들은 그렇다면 어떻게 이렇게 빨리 세계에서 가장 비싼 기업의 반열에 오를 수 있었을까? 여러 요인이 있겠지만, 그 가운데 하나로 양면시장(two-sided market)을 꼽을 수 있다. 양면시장은 디지털 경제에서 (이용자가 많은) 플랫폼으로 수요가 집중되고 돈이 모이며, 잘나가는 플랫폼에는 다시 이용자가 더 많이 유입되는 네트워크 효과가 더 강력하게 나타나는 원인 중 하나다.

기본적으로 양면시장이란 디지털 경제 이전에도 존재하던 개념이다.[2] 경제의 다양한 영역에서 분업화가 일어나면서 우리 주변에서도 양면시장을 쉽게 찾아볼 수 있다. 둘 이상의 행위자가 내리는 결정이 중개자(intermediary)나 플랫폼을 통해 서로 영향을 미칠 때 각 행위자의 결정이 다른 행위자가 받는 결과에 영향을 미치면 이를 양면시장이라고 부른다. 이 과정에서 네트워크 효과를 비롯한 다양한 외부효과가 가격과 행위자의 결정에 영향을 미친다.

양면시장의 대표적인 예로 비디오게임 시장을 들 수 있다.[3] 소니가 플레이스테이션 콘솔 기기를 팔려면 고객인 게이머들에게 어떤 점을 어필해야 할까? 무엇보다도 플레이스테이션에서 할 수 있는 재미있는 게임이 다양해야 한다. 사봤자 할 수 있는 게임이 변변찮다면, 아무도 플레이스테이션을 사지 않을 것이다. 그래서 소니는 재미있는 게임을 만드는 게임 개발자를 찾아간다. 개발자는 플레이스테이션을 보유한 고객이 얼마나 많은지, 지금은 많지 않더라도 조만간 콘솔 판매가 늘어날 여지가 있는지를 가장 먼저 따져 볼 것이다. 기껏 플레이스테이션용 게임을 만들었는데 플레이스테이션을 보유한 게이머가 많지 않다면, 개발자로선 낭패일 것이다. 결국, 고객이 플레이스테이션을 안

사면 개발자는 플레이스테이션용 게임을 만들지 않을 것이고, 개발자가 게임을 만들어 보급하지 않으면 고객도 그 게임이 돌아가는 콘솔에 관심을 갖지 않는다. 즉, 비디오게임 시장은 소니의 콘솔인 플레이스테이션이 중개자 역할을 하는 양면시장이다. 중개자인 소니는 고객과 게임 개발자를 모두 설득해야 콘솔을 팔 수 있다.

이 밖에도 디지털 시대 이전의 시장경제에서 다양한 양면시장의 예를 찾아볼 수 있다. 신용카드 회사는 카드를 쓰는 고객과 카드를 받아주는 점포가 둘 다 충분해야 성공할 수 있다. 쇼핑몰이 성공하려면 물건을 사러 오는 고객과 쇼핑몰에 입점할 점포 양측의 마음을 모두 사야 한다. 신문에 실리는 광고 단가는 그 신문을 어떤 독자들이 얼마나 많이 읽느냐에 달렸다. 광고주는 신문의 독자층을 보고 얼마에 광고를 낼지 결정한다. 광고가 연관된 거의 모든 플랫폼에는 양면시장의 원리가 작동한다. 방송 프로그램의 시청률이나 주목도에 따라 광고 단가가 달라지는 것도 마찬가지다. 미국에서 공중파 TV 광고 단가가 가장 비싼 시간대는 단연 미식축구 NFL의 챔피언 결정전인 슈퍼볼(Superbowl)의 하프타임 광고다. 슈퍼볼 하프타임 광고는 시청률도 시청률이지만, 어떤 기업이 어떤 메시지를 담은 광고를 냈는지 거의 모든 언론이 분석 기사를 쓰기 때문에 주목도가 매우 높다. 광고주는 슈퍼볼에 광고를 내면 오늘날의 시대상을 반영하는 기업 가운데 하나로 기록된다는 점까지 고려해 기꺼이 비싼 광고비를 낸다.[4]

양면시장과 반대되는 개념인 일면시장(one-sided market)에도 중개자는 있다. 농부가 수확한 작물을 팔 때 소비자에게 직접 판매할 수도 있지만, 중개상을 거쳐 도매로 파는 게 보통이다. 이때 농부는 도매가로 책정된 값을 받고 나면 내가 수확한 작물을 고객들이 얼마나 좋아할지, 그래서 다음에도 우리 밭에서 캔 고구마나 배추를 찾을지 신경 쓸 유인이 없다. 물론 반복적인 거래 관계를 맺을 때나 판로를 확보하는 데 중요한 거래라면 이야기가 다르다. 여기선 한 번 물건을 파는 경우라고 가정한다. 이런 일면시장과 달리 양면시장에선 다른 쪽 행위자가 내리는 결정에 따라 가격이나 행위자의 결정이 달라질 수 있다는 점이 특징이다.

디지털 시대에 양면시장의 중개자 역할을 하는 플랫폼의 권한은 매우 커졌다. 그 원인은 앞서 언급한 디지털 경제의 특징에서 찾아볼 수 있다. 몸집을 키웠을 때 얻을 수 있는 보상이 급격히 커지면서 플랫폼들은 더 많은 고객을 유치해 시장 점유율을 최대한 높이는 것을 사업의 제일 목표로 삼았다. 아마존의 주주들은 실적 발표 때마다 적자가 쌓이는 아마존을 향해 오히려 박수를 쳤다. 당장의 재무제표상 흑자보다 규모의 경제에서 우위를 차지해 거둘 수 있는 이득이 훨씬 크다는 사실을 알았기 때문이다. 계속 쌓이는 적자에도 아마존의 주가는 쉬지 않고 올랐다.

네트워크 효과가 강력하게 작동해 소비자들이 지배적인 플랫폼을 떠날 이유를 느끼지 못하는 것도 플랫폼 경제의 특징이다. 주요 플랫폼은 소비자는 물론 생산자, 제조업체, 소매상 등 거래에 연관된 다른 행위자들이 절대적으로 의존할 수밖에 없는 핵심 거래 파트너(Critical Trading Partner)가 됐다. 시장에 필요한 인프라를 제공하는 주체로 시장의 질서를 관리하고, 중요한 거래의 향방을 좌우할 수 있는 권한까지 손에 넣게 된 것이다.

미국에서 지배적인 플랫폼의 지위에 오른 대표적인 기업으로 구글(알파벳), 아마존, 페이스북(메타), 애플 네 곳을 꼽을 수 있다.[5] 네 기업의 앞글자를 따서 'GAFA'라고 부르기도 한다. GAFA가 성장한 역사에서 공통으로 발견할 수 있는 특징이 몇 가지 있다.

우선 사업 모델이 기존 기업들과 확연히 다르다. 디지털 시장에서 하는 사업이 과거 다른 기업의 사업 모델과 달라서 그렇기도 하지만, 특히 초기에 이윤을 내는 것보다 점유율을 높이고 몸집을 불리는 데 치중했다는 점이 공통적인 특징이다. 네 기업은 또 원래 사업 분야에서 점유율을 높이는 데 그치지 않고, 끊임없이 다른 분야로 뛰어들었다. 그 결과 원래 이 기업의 주력 분야가 무엇인지 판단하기 어려워졌는데, 다른 분야에 진출할 때는 매우 공격적인 인수·합병을 잇달아 진행했다. GAFA는 그렇게 자신의 플랫폼에서 물건이나 서비스를 파는 업체들도 소유하게 됐다. 결국, 네 기업 모두 심판이면서 동시에 선수로 뛰는 상황, 즉 이해관계가 충돌하는 상황에 처한 것도 공통점이다.

몸집을 너무 불려 권력이 집중된 지배적인 플랫폼이 된 것이 문제라면, 지나치게 공격적인 인수·합병이 문제라면, 그로 인해 발생한 이해관계 충돌이 문제라면 이를 예방하거나 사후에 처벌해 시장의 질서를 바로잡는 것이 규제 당국이 할 일이다. 이때 규제 당국이 개입할 수 있는 핵심적인 근거 법령이 반독점법과 일련의 반독점 규제다. 지배적인 플랫폼 사업자를, 많은 도·소매상이 의지하는 핵심적인 거래 파트너를, 많은 소비자에게 '없이는 못 사는' 중요한 서비스를 제공하는 핵심 거래 파트너가 된 빅테크 기업을 독점 기업으로 볼 수 있을까? 수많은 혁신을 가능케 한 자본주의의 꽃과 같은 성공한 기업에 정부가 독점 혐의를 씌울 만한 근거가 충분할까? 우리나라 공정거래위원회에 해당하는 미국 연방거래위원회(FTC, Federal Trade Commission)의 리나 칸(Lina Khan) 위원장은 그렇다고 생각한다. 바이든 대통령이 지난해 3월 임명한 뒤 의회의 인준을 받고 6월부터 임기를 시작한 칸 위원장은 "빅테크 플랫폼 기업들이 독점적 지위를 이용해 시장의 경쟁 질서를 해치고 있으며, 이를 견제하고 감독하기 위해서는 기존의 반독점 규제 패러다임을 업데이트한 새로운 패러다임이 필요하다"는 뜻을 여러 차례 밝혀왔다.

이 보고서는 올해 33살인 법학자 리나 칸을 연방거래위원장으로 앉힌 결정적인 업적이라고 할 수 있는 논문 두 편을 토대로 작성했다. 하나는 오늘날 플랫폼 기업이 어떻게 독점적인 지위를 행사하며, 정부가 이를 어떻게 규제해야 하는지 아마존을 예로 들어 자세히 설명한 "아마존의 반독점 역설(Amazon's Antitrust Paradox)"이고[6], 다른 하나는 지배적인 플랫폼 사업자의 이해관계 충돌 문제를 상세히 다룬 논문 "플랫폼과 상업의 분리(The Separation of Platforms and Commerce)"다.[7]

미국과 한국은 플랫폼 경제 구조나 빅테크 기업이 경제에서 차지하는 비중 등이 다르다. 미국의 규제 패러다임을 그대로 수입하는 건 적절하지도, 가능하지도 않다. 다만 미국은 우리보다 먼저 상황이 심각해졌기 때문에 지금 규제 당국이 주요 플랫폼을 어떻게 규제하는지 살펴보는 건 우리에게 좋은 공부가 될 수 있다. 규제 당국이 어떤 기조를 세워서 어떤 문제를 해결해야 할 우선순위로 꼽고 이를 어떻게 규제하는지, 하원이 발의한 반독점 패키지법은 어떤 내용을 담고 있는지 살펴본다면 우리에게 '아직 오지 않은, 그러나 머잖아 올 미래'를 대비하는 데 도움이 될 것이다.

2. 테크 기업은 어떻게 "빅테크"가 되었나?[8]

이 질문에 한 단어로 답변해야 한다면, 정답에 가장 가까운 후보는 "인수·합병"이다. 앞에 형용사를 하나 붙일 수 있다면, '공격적인', '왕성한', 심지어 '끝없는'이란 단어를 붙여도 될 것이다. 워싱턴포스트가 지난해 4월에 쓴 기사를 보면, 주요 플랫폼 기업의 성장에 인수·합병이 얼마나 중요한 역할을 했는지 알 수 있다.[9] 다른 기업을 인수하거나 합병한 사례만 쭉 나열해도 구글, 아마존, 페이스북, 애플의 사사(社史)를 거의 빠짐없이 쓸 수 있다. 물론 인수·합병은 법이 보장한 정당한 기업 활동으로, 그 자체로 나쁜 것은 절대 아니다. 제프 베조스가 사들인 언론사 워싱턴포스트가 공시 자료를 비롯해 공개된 내용을 모아 정리한 기사인 만큼 기사에 소개된 모든 인수·합병 사례는 미국 규제 당국의 승인을 받은 합법적 기업 활동이었다. 그러나 리나 칸 위원장은 이에 관해서도 특히 '수직적 인수·합병'을 통해 시장 지배력을 강화하거나 경쟁을 해칠 만한 사례에 관해서는 연방거래위원회나 법무부 등 규제 기관이 개입했어야 하는데, 그러지 못했다고 지적한다. 그 결과 사기업인 구글이나 페이스북이 우리 시대의 광장이자 공론장의 역할을 하고 있고, 아마존은 19세기 철도 재벌과 비교할 만큼 시장을 좌우하는 강력한 플랫폼이 됐다. 4개 기업의 인수·합병사를 하나씩 살펴보자.

A. 아마존

아마존이 뭐 하는 기업인지 한 마디로 정확히 설명할 수 있는 사람은 많지 않다. 아마존의 사업 분야는 실로 광범위하고 방대해서 빠짐없이 나열하기가 불가능할 정도다. 아마존은 미국 증권거래위원회(SEC)에 제출한 보고서에서 기업의 미션에 관해 이렇게 적었다.

"우리의 목표는 전 세계에서 가장 뛰어난 고객 중심 기업이 되는 것이다."

그 자체로 흠잡을 데 없는 목표이고, 사업 분야가 워낙 많다 보니 당연히 말할 수 있는 훌륭한 비전이긴 하지만, 동시에 시장 점유율이 너무 높지는 않은지, 시장의 권력이 한곳에 너무 집중되지 않았는지 등을 산업별로, 분야별로, 또는 지역별로 꼼꼼히 따져 감독해야 하는 규제 당국에는 꽤 혼란스러운 메시지이기도 하다.

인터넷 서점으로 시작한 아마존은 온라인 소매 시장의 절대 강자가 됐다. 전자상거래 시장 점유율은 집계에 따라 다르지만, 아마존은 50% 안팎으로 분야마다 경쟁 기업들의 점유율을 다 합쳐도 대개 미치기 어려운 '넘사벽'이다. 아마존은 물건을 배송하는 물류 분야에서도 페덱스나 UPS를 넘어섰다는 평가를 받고, 미디어 제작과 배포, 비디오게임, 스트리밍 서비스도 한다. 축구 팬이라면 지난해 최대 사건으로 리오넬 메시가 스페인 FC 바르셀로나를 떠나 프랑스 파리 생제르맹(PSG)으로 이적한 사건을 꼽을 텐데, 여기서도 아마존이 어부지리를 얻었다. 메시가 프랑스 리그에 오기 전에 아마존이 프랑스 리그 중계권을 샀기 때문이다. 여기에 아마존 프라임

회원이어야만 볼 수 있는 드라마, 다큐멘터리도 있다. 디지털
보안 서비스, 패션, 결제 서비스, 신용 대출, 벤처캐피털, 경매,
출판, 마케팅 플랫폼 분야에도 아마존이 다 진출해 있다.

아마존의 첫 인수·합병은 창업한 지 4년 뒤인 1998년에
일어났다. 현재 아마존에 가장 큰 수익을 올려주는 건 세계
최대 클라우드 컴퓨팅 업체인 아마존 웹서비스(AWS)다. 전체
아마존 매출의 59%가 아마존 웹서비스에서 나온다. 미국에
사는 사람 아니면 아마존에서 물건 사지 않으니 아마존과
자신이 상관없다고 여길지 모르지만, 실상은 다르다. 예를 들어
전 세계 거의 모든 게임 업체가 게임 관련 데이터를 아마존
웹서비스 클라우드 서버에 보관한다. 그러니까 세상의 대부분
게이머는 지난해 우주에 다녀온 베조스의 푯값을 십시일반
내준 셈이다. (정확히 말하면 억시일반, 조시일반 쯤 되겠지만.)
아마존은 2012년 클라우드 컴퓨팅 분야에 본격적으로
뛰어들면서 열 곳 넘는 관련 기업을 잇달아 인수했다.
아마존은 비디오 대여 서비스 링(Ring), 가정 보안 기업
블링크(Blink), 홈 와이파이 라우터 이로(Earo) 등을 인수하더니,
곧 가정용 스마트 스피커 에코(Echo)를 출시했다. 아마존이
어떤 기업을 인수하는지 살펴보면 기업의 전략을 짐작할 수
있다. 어떤 분야에 진출하기로 하면 공격적인 인수·합병 전략이
어김없이 뒤따랐다. 홀푸즈(Whole Foods)를 137억 달러에
인수했던 아마존은 사물인터넷(IoT) 분야에도 관심이 있는
것으로 알려졌다. 워싱턴포스트 기사에 따르면, 지금껏
아마존의 공개된 인수·합병 사례 가운데 원래 사업 분야에서

일어난 인수·합병이 40건, (클라우드 컴퓨팅과 같이) 신사업에 뛰어들면서 진행한 인수·합병이 71건이었다.

리나 칸 연방거래위원장은 두 번째 논문에서 아마존이 진행한 수많은 인수·합병 가운데 문제가 될 만한 사례로 두 가지를 예로 들었다.

a. 아마존 마켓플레이스 / 아마존 베이직스

온라인으로 책을 살 수 있는 인터넷 서점으로 사업을 시작한 아마존이 취급하는 품목을 책 말고 다른 여러 상품으로 넓혔을 때만 해도 아마존은 양면시장보다 일면시장의 모습에 가까웠다. 즉, 초기 아마존의 사업 모델은 제품을 만드는 제조업체에서 도매가로 물건을 떼와서 소비자에게 소매가에 팔아 이윤을 남기는 구조였다. 우리가 흔히 아는 전통적인 시장을 온라인에 옮겨놓은 것에 가까운 방식으로, 아마존에 물건 가격을 정할 만한 권력이나 특정 업체에 우선권을 줄 재량은 많지 않았다.

그러다 아마존은 지샵(zShops)이라는 장터 플랫폼을 출시했고, 이는 마켓플레이스(Amazon Marketplace)로 발전했다. 마켓플레이스는 아마존이 제공하는 온라인 장터다. 물건을 팔고 싶은 사람은 누구나 (아마존에 수수료만 내면) 물건을 등록해 직접 소비자에게 팔 수 있다. 아마존에 도매가로 제품을 넘기는 대신 직접 고객을 상대하며 소매가로 물건을 팔 수 있게 된 제조업체와 판매상들은 앞다투어 아마존 마켓플레이스에 입점했다. 입점 업체가 많아질수록 마켓플레이스가 취급하는 품목은 많아졌다. 다양하고 질 좋은 제품을 싼값에 살 수 있게 되자, 소비자들이 몰렸다. 고객이 많아지자 더 많은 점포가 들어왔다. 네트워크 효과가 나타났다. 물리적인 시장이라면 공간의 제약이 있겠지만, 온라인 플랫폼은 그런 걱정을 할 필요도 없었다. 아마존으로선 도매로 물건을 떼와 팔 때 늘 신경 써야 했던 재고 처리 걱정도 말끔히 사라졌다. 아마존 마켓플레이스는 그렇게 미국 전자상거래의 절반 이상을 차지하는 공룡으로 성장했다. 아마존이 아닌 다른 웹사이트에 제품 정보를 올려도 실제 거래는 아마존에서 일어나는 일이 잦아졌다. 아마존은 마켓플레이스 덕분에 '없는 게 없는', '최저가 보장' 장터로 자리매김했다. 어느덧 제조업체나 판매상은 아마존에 물건을 등록하지 않고서는 매출을 올릴 길이 막막해졌다.

여기까지는 우리가 흔히 전자상거래 혁신의 대표적인 사례라고 부를 만한 이야기로 보인다. 온라인에서 물건을 사고파는 시장을 성공적으로 구현해내고 이 정도 규모로 확장한 건 아마존이 처음이었다. 아마존은 그 대가로 마켓플레이스에 입점한 판매상과 제조업체에서 수수료를 받았다. 전통시장에 입점할 때도 점포 자리를 빌리는 대가로 월세는 물론 각종 관리비와 수수료를 낸다. 그걸 생각하면 아마존이 책정한 월 39.99달러 혹은 제품 하나를 팔 때마다 부과하는 0.99달러의 수수료는 판매상에게는 기꺼이 낼 만한 가격이었다. 거래가 일어날 때마다 약간의 거래 수수료를 추가로 부과했지만, 그래도 여전히 아마존 덕분에 넓힐 수 있는 고객층을 생각하면 충분히 감당할 수 있는 수수료였다. 워낙 많은 업체가 마켓플레이스에 입점했기 때문에 이 정도 수수료만 받아도 그

합은 아마존에 상당한 매출을 안겨줬다. 2018 년 자료를 보면, 아마존 웹사이트에서 팔린 모든 품목의 52%, 매출액의 68%가 마켓플레이스에서 발생했다. 아마존이 마켓플레이스에 입점한 판매상에게 받은 수수료만 427 억 달러로, 아마존의 그해 순매출의 18%였다. 아마존의 북미 지역 매출이 2009 년 245 억 달러에서 2018 년 3,861 억 달러로 껑충 뛴 결정적인 요인도 아마존 마켓플레이스의 '대박'이었다.

플랫폼 사업자가 플랫폼 수수료를 올리면 당연히 플랫폼 이용자의 반발에 직면한다. 만약 경쟁 플랫폼이 있다면 이용자들은 더 낮은 수수료를 찾아 플랫폼을 옮길 수도 있다. 그러나 플랫폼이 하나밖에 없어서 마땅한 대안이 없다면 수수료는 독점 또는 과점 이윤으로 간주돼 사회적으로 논란이 될 수도 있다.[10]

하지만 리나 칸 위원장이 보기에 수수료는 오히려 눈에 잘 띄는, 규제하기 상대적으로 쉬운 문제다. 어렵고 복잡하지만, 훨씬 더 중요한 문제는 따로 있었다. 바로 이해관계 충돌의 문제인데, 이 문제는 아마존에서 검색어를 입력했을 때 눈에 제일 잘 띄는 데 배치되는 수많은 아마존의 자체 브랜드와 이른바 아마존이 '밀어주는' 브랜드들의 관계를 보면 명확히 알 수 있다. 리나 칸 위원장은 논문에서 아마존 베이직스(Amazon Basics)를 예로 들었다.

마켓플레이스를 궤도에 올려놓은 아마존은 2009 년 처음으로 자체 브랜드 제품을 출시했다. 처음에는 배터리나 HDMI 케이블 등 소비자들이 브랜드를 크게 따지지 않는 제품들을 주로 취급했다. 그로부터 10 여 년이 지난 지금, 아마존이

인수했거나 아마존의 투자를 받아 창업한 브랜드는 정확한
수를 헤아리기 어려울 만큼 많아졌다. 장난감, 신발, 의류, 보석,
커피, 기저귀, 가구, 침구류, 비타민, 수건, 애견용품 등 어느
분야에든 '아마존 브랜드' 제품들이 있다. 이 많은 제품은
어디서 팔릴까? 가장 확실한 판로는 아마존 마켓플레이스다.
문제의 핵심이 이미 나왔다. 아마존은 경기에서 심판과 선수를
겸업하거나 시험 문제를 출제한 다음 아끼는 학생에게만 슬쩍
시험 문제를 알려주는 부정을 저지르는 셈이다.
아마존의 이해관계는 거대한 생태계 안에서 복잡하게 얽혀
있고, 수많은 지점에서 서로 부딪친다. 칸 위원장은 크게 두
가지 메커니즘을 지적했다. 우선 마켓플레이스의 정책을
아마존 자체 브랜드나 밀어주고 싶은 브랜드에 우호적으로
짜는 방식이다. 다른 하나는 플랫폼 관리자로서
마켓플레이스에서 물건을 파는 제3자 판매상의 데이터를 얻게
되는데, 이를 이용해 자체 브랜드를 밀어줌으로써 (잠재적인)
경쟁자를 몰아내는 방식이다.

아마존이 자체 브랜드나 밀어주는 브랜드를 어떻게 우대하는지
마크업이 자세히 분석한 기사를 썼다.[11] 기사를 요약하면
이렇다.
아마존에서 제품이나 서비스를 검색하면 공정하고 객관적인
기준에 따라 가장 잘 팔리거나, 품질이 좋거나, 아니면
가성비가 제일 좋은 제품이 검색결과 상위에 나오지 않는다.
대신 아마존의 자체 브랜드 제품이나 아마존의 물류 서비스를
이용하는 업체의 제품, 또는 아마존에서만 취급하는 제품이

(많은 경우 '광고' 표시 없이) 먼저 뜬다. 우리나라도 그렇지만 미국도 전자상거래 플랫폼에서 검색결과로 뜨는 제품 가운데 협찬을 받은 제품이나 광고 제품은 반드시 이 사실을 표시하게 돼 있다. 광고 표시가 없거나 부실하면 소비자, 시청자들이 검색결과 첫 페이지에 뜨는 제품의 품질에 관해 오해할 수 있기 때문이다. 제품 후기가 많거나 평점이 높아서 검색결과 상위에 뜬 거라고 가정하는 소비자들에게 별다른 설명 없이 은근슬쩍 자체 브랜드 제품을 '밀어줬다면', 이는 엄연히 소비자를 기만하는 일이자 불공정 경쟁이 된다.[12]

연구마다 수치는 조금씩 다르지만, 검색결과 상위에 드는 것은 매출에 절대적인 영향을 미친다. 소비자들은 대개 검색결과 상위 5위 안에 있는 제품을 산다. 5위 안에 못 들면 매출이 급감한다. 아마존 마켓플레이스에 입점한 판매상 가운데는 줄어드는 매출을 오래 견딜 수 없는 영세업체들이 많다. 이 업체들은 어떻게 해서든 검색결과를 끌어올려야 한다. 가장 쉬운 방법은 아마존에 적잖은 광고비를 내는 거다. 그러면 이른바 '스폰서 링크'에 포함돼 고객의 눈에 잘 띄는 곳에 제품을 위치시킬 수 있다. 그런데 가끔 내 제품보다 소비자들이 쓴 후기 평점도 낮고, 매출도 시원찮은 경쟁 제품이 광고 표시도 없이 검색결과 가장 높은 자리를 차지하고 있을 때가 있다. 경쟁 제품의 비결은? 아마존의 자체 브랜드 제품이거나 아마존이 '밀어주는' 제품인 경우가 대부분이다. 광고 표시도 제대로 돼 있지 않다. 플랫폼 사업자 아마존이 판매상(의 모회사) 역할에 더 집중해 마켓플레이스의 검색 알고리듬을 공정하지 않게 짠 것이다.[13]

아니면 아마존에서만 물건을 파는 브랜드로 거듭나는 방법도 있다. 광고비를 내는 대신 아예 아마존과 '한 식구'가 되는 건데, 이때 협상에서 확고한 우위에 서는 아마존은 플랫폼에 압도적으로 유리한 가격을 제시할 수 있다. 이른바 '가격 후려치기'를 통해 비용을 판매상에 전가하는 것이다. 사업의 존폐 갈림길에 선 업체는 울며 겨자 먹기로 아마존의 요구에 응할 수밖에 없다.

두 번째 방식은 좀 더 직접적인 '갑질'일 수 있다. 디지털 시대 경제의 특징 가운데 데이터의 중요성과도 관련이 있는 사안인데, 마켓플레이스의 모든 거래 데이터를 들여다볼 수 있는 아마존이 잘 팔리는 제품을 골라낸 뒤 이를 그대로 베껴 경쟁 제품을 출시하는 것이다. 시험 문제를 출제한 뒤 본인이 직접 시험에 응시하거나 자녀 혹은 자기 학생에게 몰래 문제를 미리 알려주는 셈이다.

마크업이 기사에 소개한 픽 디자인(Peak Design)이란 회사의 카메라 가방을 예로 들어보자. 지난해 3월 아마존 베이직스는 에브리데이 슬링(Everyday Sling)이라는 이름의 카메라 가방을 팔기 시작한다. 그런데 이 제품은 픽 디자인의 제품과 이름은 정확히 같고, 디자인도 상당히 비슷한데, 가격만 훨씬 쌌다. 픽 디자인의 CEO 피터 데링은 격분했다.

"디자인 일부가 겹치거나 스타일을 좀 흉내 낸 정도가 아녜요. 그냥 통째로 제품을 베껴 짝퉁을 만들어놓고 헐값에 내놓은 겁니다."

아마존의 뻔뻔한 '제품 베끼기 갑질'을 풍자한 동영상은 유튜브에서 460만 번 넘는 조회 수를 기록했다.[14] 영상이 업로드된 지 몇 시간도 안 돼 아마존은 슬그머니 제품 이름을 바꿨다. 데링은 아마존에서 매출이 줄어도 픽 디자인의 사업이 큰 타격을 받지는 않을 거라면서도 아마존 같은 대기업이 이런 식으로 횡포를 부리는 모습이 "심히 불쾌하다"고 말했다.

아마존의 넬 로나 대변인은 아마존이 픽 디자인의 디자인 저작권을 침해한 적이 없다며, 아마존 직원들이 공개되지 않은 아마존 판매 데이터를 활용해 아마존 자사 브랜드에서 생산할 제품을 결정하지 않는다고 해명했다.

해명을 반박할 만한 직접적인 근거는 없다. 그러나 아마존 측은 해명을 뒷받침하는 근거도 대지 않았다. 아마존의 해명이 미덥지 않은 이유다. 마켓플레이스는 세상에서 가장 큰 온라인 장터 플랫폼이다. 아마존이 여기서 모으는 데이터가 얼마나 자세하고 방대할지 생각해보면, 또 그렇게 모은 데이터를 사용하는 데 사실상 아무런 제약이 없다는 점을 고려하면 아마존이 이렇게 확실하게 돈과 직결되는 보물창고와 같은 데이터를 그냥 묵혀둘 거로 생각하기 어렵다.[15]

기존 슈퍼마켓이나 대형 마트도 소비자 데이터를 모아 맞춤형 판매 전략을 짤 때 이용한다. 어느 제품을 매대 어느 칸, 어느 열에 배치했더니 매출이 늘거나 줄었더라, 어떤 고객은 주로 무슨 요일 어느 시간대에 매장을 찾아 매주 어떤 제품을 사가더라, 어떤 제품에 세일 표시를 했더니 매출이 얼마나 늘었더라 등 모을 수 있는 데이터는 다양하다. 그러나 아마존이나 쿠팡, 마켓컬리가 모을 수 있는 소비자 데이터는 이와는 비교할 수 없을 만큼 훨씬 더 정교하다. 사람들이 클릭하는 횟수에 비해 판매로 이어지는 비율이 낮은 제품이 무언지, 같은 제품이라도 어떤 검색어를 통해 유입된 소비자가 실제 구매를 더 많이 하는지, 소비자의 마우스 포인터가 어디에 몇 초 머무르는지 아마존은 다 알고 있다. 마우스 포인터가 머무는 바로 그 지점에 어떤 광고를 배치할지 결정하는 것도 아마존이다. 알고리듬에 따라 실시간으로 가격을 바꿨을 때 매출이 어떻게 변하는지 실시간 가격탄력성도 아마존은 알 수 있다. 아니, 전부 다 알고 있다. 시장에서 경쟁하는 업체들에 가장 큰 도전 과제는 불확실성을 줄여나가는 일이라고 해도 과언이 아니다. 100% 돌다리라고 확신하고 다리를 건널 수 있는 경우는 실제 시장에선 거의 없다. 불확실성 때문에 늘 따르는 위험을 감안해 결정을 내리고, 가격에도 이런 불확실성이 반영돼 있다. 그런데 아마존은 마켓플레이스를 이용하는 수많은 영세업체의 시행착오 일지를 다 긁어모음으로써 불확실성을 제거한 뒤 결정을 내린다. 어떤 제품이 잘 팔리는지 훤히 들여다본 뒤 베스트셀러만 골라서 경쟁 제품을 출시한다. 불확실성을 줄인 만큼 가격도 훨씬 싸게 내놓을 수 있다. 이런 식으로 경쟁 업체를 시장에서 몰아내는 것을 혁신을 통한 공정한 경쟁이라고 부르기는 어렵다. 그러나 지금으로선 아마존의 이런 행동을 막을 길이 없다.

아마존이 이런 식으로 데이터를 활용해 경쟁 제품을 출시한다면 기존 업체들은 물건이 잘 팔려도 마냥 좋아할 수 없다. 불확실성을 무릅쓰고 새 제품을 개발할 혁신 동기도 떨어지게 되고, 이는 결국 시장 전체의 역동성이 줄어드는 결과로 이어질 수 있다.

b. 알렉사 / 알렉사 기기 / 알렉사의 기능

아마존이 심판과 선수를 겸업하는 또 다른 사례로 리나 칸 위원장은 알렉사(Alexa)를 꼽았다. 알렉사는 소비자에게는 스마트 스피커 이름으로 가장 잘 알려져 있다. 아마존의 스마트 스피커를 부를 때 "알렉사"라고 불러야 한다. 정확히 말하면 아마존이 2015년 음성 지원 시장에 뛰어들어 여러 업체를 잇달아 인수하며 재빨리 시장을 장악한 뒤 내놓은 스마트 스피커의 브랜드 이름은 에코(Echo)였다. 알렉사는 에코를 비롯한 아마존 생태계 전반에 내장된 인공지능 음성 지원 비서 소프트웨어라고 할 수 있다.

알렉사는 모르는 게 없는 척척박사다. 부엌의 조도를 낮추거나 침실 온도를 조금 높여달라는 부탁은 금방 들어주고, 입맛이 없을 때 해 먹기 좋은 음식 레시피도 곧바로 찾아주며, 꽃가루 알레르기가 심한 나를 위해 오늘 꽃가루 위험지수가 어느 정도인지도 아침에 집을 나서기 전에 미리 귀띔해준다.

알렉사가 척척박사가 될 수 있던 건 알렉사의 기능(Alexa Skills) 덕분이다. 이 고마운 기능들은 누가 개발했을까? 음성인식 기술을 이용해 소프트웨어를 개발하는 개발자들이다.

음성인식 기술을 이용한 소프트웨어와 음성인식 소프트웨어를 탑재한 하드웨어를 아우르는 시장은 전형적인 양면시장 혹은 다면시장(multi-sided market)이다. 아마존은 이 시장에서 가장 중요한 플랫폼을 관장하는 인프라 기업이자, 시장의 다양한 부문에서 직접 경쟁하는 업체(의 모회사나 스폰서)이기도 하다.

음성인식 기술을 탑재한 하드웨어는 스마트 스피커뿐만이 아니다. 알렉사와 연동할 수 있는 가전기기라면 전자레인지, 냉장고, 충전기, 보안 카메라, 공기청정기까지 다 포함된다. 이름 앞에 '스마트'가 붙은 가전제품은 전부 다 음성인식 기술을 탑재한 가전기기라고 봐도 무방한데, 이런 가전제품이 가장 많이 거래되는 플랫폼이 어디일까? 아마존 마켓플레이스다. 앞서 지적한 것처럼 마켓플레이스의 거래 데이터를 혼자서만 훤히 들여다보고 있는 아마존은 그 데이터를 바탕으로 출시하는 족족 성공 가능성이 큰 제품만 골라내 생산했다.

음성인식 기술을 이용한 소프트웨어 시장에서도 아마존은 '큰손'의 지위를 적극적으로 활용했다. 아마존은 2015년 총액 1억 달러 규모의 알렉사 기금(Alexa Fund)을 출시했다. "알렉사에 접목할 기능을 개발하는 업체와 개발자를 지원하기 위한 기금"이라는 설명이 붙었다. 그러나 개발자들은 "알렉사에 필요한 기술을 헐값에 사들이려는 전략"을 그럴듯하게 포장한 게 아닐지 우려했다. 즉 알렉사에 필요한 기능, 기술이 무엇인지 확인한 다음 아마존이 훨씬 더 저렴한 비용으로 그 기능을 직접 개발함으로써 시장조사 비용을 아끼려는 심산이라는 것이다. 앞서 살펴본 불확실성을 줄이는 것과 같은 전략이다.

개발자들의 우려는 이내 현실이 되었다. 예를 들어 뉴클러스(Nucleus)라는 스타트업은 알렉사 기금을 받고 음성 지원 기능을 탑재한 비디오 기기를 만들었는데, 얼마 지나지

않아 아마존이 사실상 똑같은 제품을 자체적으로 개발해
출시한 뒤 판로가 막혀버렸다.

척척박사 알렉사의 수많은 기능 중에는 아마존이 자체 개발한
기능과 제3자 개발자들이 만들어 납품, 탑재한 기능들이
뒤섞여 있다. 그런데 아마존은 주기적으로 새로운 기능을
업데이트하면서 제3자 개발자가 제공하던 기능을 자체 개발한
기능으로 슬며시 대체하곤 했다. 아마존은 또 알렉사를 통해
입력되는 수많은 음성 데이터를 독점한다. 제3자 개발자가
알렉사에 기능을 추가하려면, 해당 앱에 이용자들이 던지는
질문, 명령, 부탁을 포함한 모든 데이터를 아마존이
사용하더라도 이를 문제 삼지 않겠다고 아마존에 약속해야
한다. 그래서 제3자 개발자는 자기 앱에 저장되는 데이터만
모으고 활용할 수 있는 반면, 아마존은 알렉사에 탑재되는
모든 음성인식 앱, 기술에 쌓이는 데이터를 다 활용할 수 있다.
정리하면, 아마존은 공격적인 인수·합병을 통해 음성인식 시장
플랫폼을 장악한 뒤 플랫폼 사업자인 동시에 플랫폼에서
제품과 서비스를 파는 판매상으로서 (불공정) 경쟁을 통해
(불공정) 이윤을 챙겼고, 더 많은 이윤을 내는 데 결정적인
역할을 하는 데이터를 독점함으로써 진입장벽을 더 높게
쌓았다. 이는 알렉사라는 음성인식 기술 플랫폼을 제공하는
아마존이 플랫폼에서 사용하는 각종 기술과 그 기술을 탑재한
기기를 제조하는 업체로서 경쟁하는 한 발생할 수밖에 없는,
예정된 이해관계 충돌의 단적인 사례다.

B. 알파벳

지주회사 알파벳(Alphabet)이 소유한 기업들은 디지털 광고와 인터넷 서비스, 인공지능, 바이오테크, 브로드밴드, 벤처캐피털 등을 아우르는 다양한 분야에 포진해 있다. 물론 알파벳의 핵심이자 기둥은 구글이다. 구글은 아마존보다 역사가 짧지만, 인수·합병의 역사를 책으로 엮으면 아마존보다 더 두꺼운 책이 나올 것이다. 디지털 광고, 안드로이드, 크롬 브라우저, 구글 클라우드, 구글 지도, 구글 플레이, 검색, 하드웨어, 유튜브 등 구글이 대부분 사들여 개발한 서비스, 브랜드들은 지주회사 알파벳의 영업이익 대부분을 책임진다. 알파벳의 다른 부문이 적잖은 손실을 감수하면서도 모험적인 신사업에 과감히 투자할 수 있는 건 2018년 기준 365억 달러의 영업이익을 낸 구글 덕분이다.

인터넷 검색엔진으로 창업한 구글이 지금에 이르기까지는 끝없는 인수·합병이 절대적인 역할을 했다. 워싱턴포스트 기사에 따르면, 구글은 인터넷 검색과 검색 광고 등 기존 사업 분야에서 81건, 인공지능을 비롯한 신사업 분야에서 187건의 인수·합병을 진행했다. 현재 미국에서 발생하는 전체 디지털 광고 매출의 37%가 구글의 몫이다. 구글이 광고 시장에서 벌어들이는 막대한 현금은 다른 기업들을 인수해 사업을 확장하는 데 쓰인다.

1998년 창업한 구글은 2005년에 공개기업이 됐다. IPO 직후 구글은 많은 사람에게 이름조차 낯설던 모바일 소프트웨어 안드로이드(Android)를 5천만 달러에 인수했다. 이 투자에 관심을 두는 이가 많지 않아서 비판이나 논란의 대상이 될

일도 없을 정도였다. 지금은 인터넷의 중심이 데스크톱에서
모바일로 넘어올 수 있었던 건 구글이 안드로이드를 인수했기
때문이라는 평가에 대부분 동의할 것이다.

엄청난 비판의 중심이 된 인수·합병도 있었다. 2008 년에
구글이 유튜브를 16 억 달러에 인수했을 때 시장의 수많은
전문가는 물론 주주 중에도 동영상 스트리밍 서비스에 과연
그만한 가치가 있느냐며 반대하는 이들이 많았다. 현재
유튜브는 약 3 주마다 알파벳에 16 억 달러를 벌어주고 있다.
지금 유튜브의 위상을 생각하면 16 억 달러는 그야말로
'헐값'이었다.

인공지능 기업들을 가장 많이 인수한 '큰손'도 구글이다.
2014 년 데미스 하사비스의 딥마인드(DeepMind)를 6 억
2500 만 달러에 인수했는데, 딥마인드가 개발한 바둑 두는
인공지능 알파고(AlphaGo)는 인류 대표 바둑 기사인 이세돌
9 단을 꺾어 많은 사람에게 인공지능의 위력을 각인시켰다.[16]
구글은 이미 여러 차례 미국과 유럽 규제 당국의 조사를
받았다. 규모를 가리지 않고 공격적인 인수·합병을 계속하다
보니 발생한 당연한 결과였다. 그렇지만 여전히 구글은
아랑곳하지 않고 사세를 확장하고 있다. 최근 구글이 주로
사들이는 기업들은 클라우드 컴퓨팅, 의료 분야 기업들이다.
독점적 지위를 남용하고 있다는 규제 당국의 주장에 구글은 늘
이렇게 답한다.

"지금까지 우리가 잠재력 있는 스타트업을 꾸준히 인수하고
거기에 필요한 자원을 대주고 투자한 덕분에 수많은 혁신이
일어났다는 점을 잊어선 안 된다. 그런 혁신은 성장의 동력이

됐고, 그 혜택을 가장 많이 누린 건 다름 아닌 소비자다.
구글이 없었다면 창의적인 아이디어로 무장한 스타트업들이
낮은 비용으로 빠르게 혁신을 이룩해 성장할 수 없었을
것이다."
리나 칸 위원장은 다른 점에 집중한다. 구글도 지배적인
플랫폼 사업자로서 이해관계가 충돌하는 상황에서 경쟁 질서를
해치며 사업을 키워왔다는 것이다. 이를 이해하려면 검색
알고리듬의 작동 방식과 구글이 이른바 '수직적 검색 분야'를
어떻게 장악했는지 살펴봐야 한다.

a. 구글 검색 / 구글 버티컬
미국 검색엔진 시장에서 구글의 점유율은 90% 안팎이다.
모바일 검색시장 점유율은 95%를 넘는다. 검색에 관한 한
구글에 의미 있는 경쟁자는 없다.
인터넷 검색은 크게 수평적인 검색과 수직적인 검색 두 가지로
나눌 수 있다. 먼저 수평적인(horizontal) 검색은 주제에
상관없이 결과가 나오는 일반 검색을 생각하면 된다. 반대로
수직적인(vertical) 검색은 특정 주제에 한정된 검색이다.
가격비교 사이트, 항공권이나 호텔 검색, 금융 데이터, 특정
지역의 정보 등이 여기에 해당한다. 구글이 처음 1등
검색엔진이 됐을 때 이는 수평적인 검색 분야에 한해서였다.
즉 수직적인 검색에 특화된 업체들은 여전히 해당 검색에서
구글에 비교우위를 점하고 있었다.[17] 다만 이 업체들도 갈수록
이용자 유입의 상당 부분을 구글 검색에 의존하게 됐다.
사람들이 비행기표를 검색할 때 구글보다 더 편리하고 최저가

항공권을 잘 찾아주는 사이트가 있다는 건 알지만, 그 웹사이트 이름을 모르니까 구글에서 '항공권', '최저가 항공' 같은 검색어를 넣고 검색결과에 나오는 수직검색 전문 사이트로 들어온다는 뜻이다.

아마존과 아마존 마켓플레이스의 이해충돌 문제를 이해한 독자라면, 검색엔진의 대명사가 된 구글이 수직검색 분야에 뛰어들 때 어떤 문제가 발생할지도 곧바로 이해하실 거다. 구글에서 '항공권'을 검색했을 때 카약(Kayak)이나 오비츠(Orbitz) 같은 수직검색 전문 사이트보다 구글이 자체적으로 운영하는 항공권 검색 사이트 구글 플라잇(Google Flights)을 더 밀어줄 수 있다. 또한, 검색 알고리듬을 분석한 뒤 이를 몰래 베껴 구글 검색결과의 질을 높일 수도 있다.[18] 구글로서는 검색결과 이용자가 클릭하는 웹사이트도 여전히 구글의 영역 안이라면 광고 수익을 극대화할 수 있으니 좋겠지만, 검색결과에 인위적인 영향을 끼쳐 얻는 이익이라면 불공정 경쟁을 통한 이윤으로 볼 소지가 있다.[19]

구글은 또 구글의 검색결과에 크게 의존하는 콘텐츠 제공자들에게 해당 콘텐츠와 데이터를 구글이 분석에 이용할 수 있도록 허용하는 라이선스 계약에 서명하도록 종용했다. 지배적인 플랫폼인 구글이 구글을 통해 검색할 수 있는 콘텐츠는 물론 그 콘텐츠의 이용 데이터를 마음껏 활용할 수 있게 한 불공정 계약이다.

이밖에 구글이 인터넷 검색 시장을 장악하는 과정에서 진행된 수많은 수직적 통합이 아무런 제재를 받지 않은 점도 살펴봐야 한다. 수직적 통합의 문제점에 관해서는 리나 칸 위원장의 첫

번째 논문 "아마존의 반독점 역설"을 소개할 때 다루도록
하겠다.

b. 구글 지도 / 안드로이드 위치 서비스

플랫폼과 상업이 분리되지 않은 덕분에 플랫폼 사업자가
이윤을 독식하는 또 다른 사례가 구글 지도(Google Maps)다.
지도를 구동하는 데 필요한 핵심 데이터가 바로 위치 서비스
데이터인데, 안드로이드 운영체제가 수집하는 위치 데이터는
모회사인 구글하고만 공유하게 돼 있다. 애플이 야심 차게
구글 지도를 뛰어넘겠다며 애플 지도를 출시했다가 실패한
결정적인 원인도 안드로이드가 독점적으로 구글에만 공급하는
위치 데이터였다. 구글은 안드로이드를 인수한 수직적 합병
덕분에 지도 서비스 경쟁에서 손쉽게 이길 수 있는 유리한
위치를 차지한 셈이다. 리나 칸 위원장은 플랫폼(구글이나
애플의 운영체제)과 상업(위치 데이터를 기반으로 운영하는
지도 서비스)의 문제를 고치려면 안드로이드 위치 서비스
데이터를 구글과 분리하거나 안드로이드가 모든 지도 서비스
업체에 똑같이 데이터를 공급하도록 해야 한다고 말한다.

한편, 빅테크를 비롯한 대기업이 이제 막 특허를 취득한
스타트업이나 유료 고객을 확보한 전도유망한 스타트업을
공격적으로 사들이는 것을 두고도 테크 업계와 규제 당국
사이에 의견이 팽팽히 맞선다. 테크 기업들은 일찌감치
가능성을 알아보고 스타트업을 전폭적으로 지원해 지금
소비자들이 이용하는 서비스들이 탄생할 수 있었다고

주장한다. 대표적인 게 바로 지금 이 보고서를 작성하고 있는 구글 문서(Google Docs)다. 구글 문서는 구글 직원들이 처음부터 구상, 개발한 서비스가 아니라 워드프로세서 서비스 업스타틀(Upstartle)을 비롯한 스타트업을 인수해 구글 플랫폼 안에서 개발한 서비스다.[20] 이후에도 구글은 기능을 개발해 추가하기도 했지만, 관련 스타트업의 기술을 통째로 사들여 덧붙이기도 했다.

이런 공격적인 인수·합병이 경쟁을 저하하고 시장의 역동성을 해치는지에 대해서는 의견이 갈린다. 대기업이 스타트업을 인수하는 순간 반증 사례를 확인할 길이 없어지기 때문이다. 업스타틀이 구글에 인수되지 않았다면 지금의 구글 문서는 없겠지만, 구글 문서보다 더 뛰어난 온라인 워드프로세서가 나올 수 있었을까? 이는 정답이 없는 질문이다. 다만 규제 당국 안에서는 스타트업이 계획한 서비스의 개발을 완수하기 전에 인수되기 때문에 혁신의 유인 동기가 떨어진다고 보는 시각이 우세하다. 빅테크 기업들의 인수·합병사를 정리한 워싱턴포스트도 기사에서 빅테크 기업들의 공격적인 스타트업 인수를 두고 아마존 열대 우림을 전부 다 커피 농장으로 만드는 데 비유하며 에둘러 비판했다.

C. 페이스북

최근 메타(Meta)로 이름을 바꾼 페이스북은 빅테크 4 대 플랫폼 가운데 가장 젊은 기업이다. 그러나 길지 않은 페이스북의 성장 과정에도 여러 건의 인수·합병이 절대적인 역할을 했다. 워싱턴포스트 기사에 따르면 페이스북은 창업 이후 기존 사업 분야에서 28건, 소셜미디어가 아닌 새로운 사업 분야에서 77건의 인수·합병을 진행했다.

페이스북의 첫 번째 인수는 대단한 사업은 아니었다. 'facebook.com'이라는 웹사이트 도메인 이름을 선점하고 있던 AboutFace라는 기업을 도메인 이름과 함께 사들인 것이다. (처음에는 앞에 'the'를 붙인 'thefacebook.com'을 써야 했다.) 이후 소셜미디어 운영에 필요한 특허와 기술 등을 사들이던 페이스북은 2014년 당시 직원 수 55명에 변변한 수익 모델도 확립하지 못한 메신저 왓츠앱(WhatsApp)을 190억 달러라는 거금에 인수한다.

다른 빅테크 기업들의 인수·합병이 시장 참여자가 의존할 수밖에 없는 지배적인 플랫폼을 구축하는 데 일조한 수직적 합병이라서 문제가 된다면, 페이스북이 왓츠앱이나 인스타그램을 (2012년에 고작 10억 달러에) 사들인 건 동종업계의 (잠재적) 경쟁자를 돈으로 산, 경쟁을 저해하는 수평적 합병에 가깝다. 물론 페이스북은 해당 기업을 사면서 법이 정한 절차를 다 지켰고, 당시 규제 당국으로부터 인수에 필요한 승인을 다 받았다. 그러나 인수·합병 결과 지금 소셜미디어 시장은 사실상 페이스북이 완전히 장악하고 있다. 현재 소셜미디어 플랫폼 상위 5개 가운데 4개(페이스북, 인스타그램, 왓츠앱, 페이스북 메신저)가 페이스북이 소유한 플랫폼이다. 그래서 늦었지만 지금이라도 필요한 반독점 규제를 적용해야 한다는 주장도 있다. 예를 들어 지난해 미국 대선 민주당 경선에 참여했던 엘리자베스 워런 상원의원은

빅테크 기업들의 인수·합병 사례를 전부 조사해 시장 경쟁을
저해하고 독점적 지위를 얻는 데 중요한 역할을 한
인수·합병을 무효로 하는 방안을 추진하겠다고 공약했다.
소셜미디어 시장 점유율과 영향력을 바탕으로 페이스북을 향해
독점이란 비판이 제기될 때마다 페이스북은 아래와 같은
논지를 폈다.

"소셜미디어의 경쟁자는 다른 소셜미디어 플랫폼에 국한되지
않는다. 페이스북은 모든 생활의 중심이 인터넷으로 옮겨 온
디지털 시대에 소비자들에게 필요한 수많은 서비스를 제공하고
있으며, 소셜미디어뿐 아니라 다양한 분야에서 수많은 기업,
서비스와 치열한 경쟁을 펴고 있다."[21]

소셜미디어 시장에서 페이스북의 영향력만 놓고 판단하지
말고, 범위를 더 넓혀서 보면 시장 구조가 달리 보일 거라는
말이다. 이런 페이스북의 주장과 논리를 리나 칸 교수는 실제
페이스북이 작동하는 방식을 더 자세히 들여다보는 방식으로
파훼한다. 즉 페이스북이 지배적인 소셜미디어 플랫폼이라는
지위를 이용해서 휘두르는 독점 기업으로서의 권력이 이미
경쟁의 씨를 말린 소셜미디어 분야는 물론이고 다른 분야의
경쟁 질서까지 해친다는 것이다. 리나 칸 교수가 든 사례는
API와 디지털 광고 두 가지다.

a. 페이스북 API / 페이스북 앱

페이스북 이용자는 20억 명이 넘는다. 페이스북이 소유한
소셜미디어 이용자를 다 더하면 30억 명이 넘어 인류의
절반에 육박한다. "인류 절반이 고객"이라는 타이틀은 아마존도,

구글도, 애플도 닿지 못한 영역으로, 지구상에서 페이스북이 유일하게 가지고 있는 타이틀이다.

규모의 경제에 대한 보상이 절대적인 디지털 경제에서 가장 많은 이용자를 확보한 플랫폼 페이스북은 수많은 것들을 끌어당긴다. 앱 개발자들에게도 페이스북은 거부할 수 없는 플랫폼이다. 전 세계 인구의 절반이 이용하는 플랫폼보다 잠재적 고객을 만나기 좋은 장이 또 있을까?

페이스북의 관점에서 보면 페이스북 생태계가 원활히 돌아가기 위해 필요한 앱은 무수히 많다. 제아무리 페이스북이라도 그 많은 앱을 다 직접 개발할 수 없기에 페이스북은 앱 개발자들에게 페이스북용 앱 개발에 필요한 핵심 재료를 제공한다. 여기서 가장 중요한 재료가 바로 API 다. API 란 응용 프로그래밍 인터페이스(Application Programming Interfaces)의 앞글자를 딴 말로, 앱 개발자들은 페이스북이 제공한 API 를 통해 페이스북에 동영상을 올리는 앱부터 페이스북 친구들과 채팅할 수 있는 메신저 앱을 비롯해 수많은 앱을 만들어 선보인다. API 를 활용해 페이스북 생태계에 최적화된 앱을 만들고, 앱을 이용하는 고객들의 피드백, 정보를 바탕으로 문제가 있으면 이를 개선하면 된다.

여기까지는 아무런 문제가 없다. 그런데 거대한 자석과 같은 플랫폼 페이스북이 직접 앱을 개발해 선보이기 시작하자 이해관계가 충돌한다. 물론 페이스북은 처음부터 플랫폼에 필요한 기본적인 기능 몇 가지는 직접 앱을 개발해 제공하고 있었다. 그러나 심판의 역할만 해야 할 플랫폼이 갑자기 심판

옷을 벗어 던지고 본격적으로 선수로 뛰겠다고 나서면, 앞서 살펴봤던 다른 사례와 마찬가지로 경쟁 질서가 무너진다. 이때 API는 페이스북이 자체 개발한 앱을 밀어주고, 경쟁자를 차별하기 위해 쓸 수 있는 가장 확실한 수단이다. 페이스북에 동영상을 올리는 앱을 만들던 개발자에게 더는 페이스북 API에 접근하지 못하게 하고, 자체 개발한 동영상 업로드 앱만 쓸 수 있게 이용자들의 선택을 제한하는 거다. 실제로 페이스북은 2013년 트위터가 소유한 바인(Vine)이라는 서비스의 페이스북 API 접근을 차단했다. 급작스럽게 이뤄진 결정이었는데, 나중에 영국 의회 조사에서 CEO 마크 저커버그가 이를 직접 지시한 사실이 드러났다.[22] 영국 의회는 페이스북이 자체 개발한 동영상 앱의 경쟁자를 제거하기 위해 API 접근을 차단했다고 지적했다. 페이스북 자체 메신저를 선보이기 전에도 페이스북은 메시지미(MessageMe)라는 잠재적인 경쟁 서비스의 API 접근을 차단했다. 사실상 하루아침에 멀쩡한 앱을 시장에서 퇴출한 셈이다. 자체 앱이 성장하는 데 걸림돌이 될 만한 것들을 제거한 페이스북의 행위는 독점 기업의 권한을 남용한 불공정 경쟁으로 볼 수 있다.

플랫폼에 쌓이는 데이터를 이용해 잠재적인 경쟁 서비스를 선제적으로 사들인 거라면 이 또한 불공정 경쟁 혐의를 받을 소지가 있다. 페이스북은 2013년 오나보(Onavo)라는 VPN 서버 업체를 인수했다. 오나보에는 VPN 서버를 이용하는 사람들의 활동 내역이 고스란히 데이터로 쌓여 있었는데,

페이스북은 오나보를 인수하면서 이 데이터도 함께 확보했고, 이후 발생한 인터넷 이용 내역은 실시간으로 분석할 수 있게 됐다. 오나보를 통해 페이스북 플랫폼에 있는 앱들의 이용자 동향 데이터까지 다 볼 수 있게 된 페이스북은 잠재적인 경쟁자를 손쉽게 추려낼 수 있었다. 이용자가 어떤 배너나 기사, 앱을 통해 페이스북 플랫폼으로 유입됐다가 어느 시점에 페이스북이 아닌 다른 곳으로 흘러갔다면, 그 목적지가 페이스북이 다음에 사들이거나 고사시킬 목표가 되는 식이다. 실제로 페이스북은 오나보를 인수한 뒤 얻은 데이터를 분석해 왓츠앱이나 tbh 인수를 결정했다고 한다. 왓츠앱을 살 때 190억 달러의 인수 금액이 너무 비싸다는 지적이 빗발쳤지만, 페이스북이 믿는 구석은 바로 데이터였다. 이렇게 피인수 기업이 보유한 데이터를 활용해 인수 기업이 사업적 이득을 보거나 시장 경쟁에서 유리한 고지를 선점하는 것을 크로스 레버리지(cross-leverage)라고 하는데, 리나 칸 위원장은 크로스 레버리지가 데이터를 확보하는 과정이나 경쟁의 싹을 자르는 데 부당하게 데이터를 활용했다는 점에서 반독점법을 어겼을 소지가 있다고 지적한다.

b. 콘텐츠 플랫폼 페이스북 / 광고 플랫폼 페이스북

두 번째 사례는 양면시장 혹은 다면시장의 특징과 직결되는 문제다. 수많은 언론사와 콘텐츠 제작자들이 기사와 콘텐츠를 유통할 때 가장 많이 의존하는 플랫폼이 페이스북인데, 그 페이스북의 가장 중요한 수익 모델이 광고이다 보니 자연스럽게 발생하는 이해관계 충돌 문제다.

광고의 성패는 광고에 노출되는 잠재적인 고객의 특징을
얼마나 잘 파악하느냐에 달렸다. 은퇴한 노부부에게 대학 입시
준비에 필요한 학습지 광고를 하는 건 돈 낭비다. 마찬가지로
학생들에게 노후 대비 연금 광고를 내보내는 기업은 없을
것이다. 그래서 언제 어디에 광고를 하면 누가 이 광고에
노출될지를 잘 파악할수록 훌륭한 광고 플랫폼이라고 할 수
있다. 페이스북은 콘텐츠 유통 과정의 핵심 거래 파트너로
자리매김한 뒤 그 지위를 이용해 광고에 필요한 가장 중요한
정보들을 손쉽게 모았다. 비결은 언론사 웹사이트에 설치한
플러그인(Plug-in) 코드에 숨어있다.

앞서 광고를 싣는 거의 모든 매체는 양면시장의 대표적인
사례라고 설명했다. 방송, 신문, 잡지가 다 그렇다. 시청자와
독자들의 관심을 끌고 신뢰를 얻을 수 있도록 좋은 기사, 좋은
글을 쓰고 유익한 영상을 제작해 내보내는 콘텐츠 제작자들은
광고를 실어주고 광고비를 받는다. 돈을 쓰는 광고주는 당연히
아무데나 광고를 싣지 않는다. 누가 우리 신문을 읽고, 우리
기사에 적극적으로 댓글을 달고 반응하는지에 관한 정보는
광고주가 궁금해하는, 매체들에는 돈이 되는 귀한 정보다.
그런데 페이스북을 통하지 않으면 독자를 확보하기
어려워지면서 매체들은 이 소중한 정보를 페이스북에 공짜로
넘겨줄 수밖에 없었다. 페이스북은 이렇게 모은 핵심 정보들을
추려 플랫폼에 의존하는 매체들은 절대 구현할 수 없는 완벽에
가까운 맞춤형 광고를 냈고, 땅 짚고 헤엄치듯 광고 수익을
긁어모았다.

플러그인의 작동 원리를 조금 더 살펴보자. 페이스북은 2010년에 '좋아요(Like)'와 '공유하기(Share)' 기능을 선보인다. 이제는 이 기능이 무엇인지 따로 설명하지 않아도 될 만큼 모두에게 익숙해진 두 기능과 함께 페이스북은 언론사 웹사이트에 설치할 수 있는 간편한 버튼을 선보였다. 언론사 웹사이트에서 기사를 읽거나 동영상을 시청할 때 화면 상단이나 하단에는 페이스북에 공유하기 버튼이 뜬다. (보통 이 기사를 트위터에 공유하기, 이메일로 보내기, 기사 링크 복사하기 등의 배너가 함께 있고, 기사를 읽으며 스크롤 해도 배너가 같이 따라온다.) 공유하기 버튼을 누르면 해당 기사 링크를 간편하게 내 페이스북 페이지에 공유할 수 있고, 해당 링크를 사람들이 누르면 다시 더 많은 독자가 언론사 웹사이트로 유입된다.

기사를 더 널리 퍼뜨리고 독자를 유치하는 데 필요한 버튼을 설치하려면 언론사들은 페이스북이 요구한 코드를 함께 깔아야 했다. 플러그인 버튼을 설치하면 독자들이 기사를 읽는 기기의 백도어와 페이스북 서버가 연결되고, 페이스북은 (버튼을 눌러 들어온) 독자들의 활동을 추적할 수 있게 됐다. 페이스북은 큰 성공을 거둔 '좋아요' 기능을 통해 이용자의 프로필을 자세히 파악할 수 있게 된 셈이다. 누가 어떤 기사를 어디까지 읽다가 공유 버튼을 누르거나 기사를 그만 읽는지까지 훤히 들여다볼 수 있게 됐다는 건 곧 언론사들이 광고주를 상대할 때 활용하던 핵심 정보를 페이스북에 통째로 내줬다는 뜻이 된다. 독자를 더 많이 유치해봤자 언론사들은 이를 이용해 광고 단가를 올릴 수 없게 됐고, 수많은 이용자의 언론 구독 패턴을

자세히 알게 된 페이스북은 독보적인 광고 플랫폼으로
거듭나게 됐다.

THE WALL STREET JOURNAL.

Home **World** U.S. Politics Economy Business Tech Markets Opinion Books & Arts Real Estate Life & Work

SHARE

WORLD

Russia Accelerates Troop Buildup Along Ukraine Border

Germany's leader shuttles between the two nations to mediate peace; Putin leaves opening for talks

→ 2월 14일 월스트리트저널 웹사이트 톱기사를 클릭해봤다. 기사
왼편에 플러그인 배너가 따라온다.

언론사들의 우려를 누그러뜨리고자 페이스북은 플러그인을
통해 모이는 이용자 정보를 맞춤형 광고에 활용하지 않겠다고
약속했다. 플러그인 기능을 선보인 첫 주에 5만 개 넘는
웹사이트가 앞다투어 페이스북 플러그인을 달았다. 이용자를
추적할 수 있는 페이스북의 코드는 그렇게 인터넷 곳곳에
자발적으로 설치됐다. 얼마 지나지 않아 페이스북이 약속을
어겼다는 사실이 드러났다. 연구자들은 페이스북이 플러그인을
통해 모은 이용자 정보를 추적했으며, 심지어 '좋아요' 버튼을

누르지 않았을 때나 페이스북에서 로그아웃한 상태에서 한 활동까지도 추적하고 있었다는 사실을 밝혀냈다. 페이스북을 향한 여론의 질타가 이어졌지만, 이미 경쟁자가 없는 상황에서 페이스북은 아랑곳하지 않았다. 2014년엔 아예 제3자 웹사이트를 통해 페이스북 플러그인을 누른 이용자들의 활동 내역을 추적하는 코드가 설치돼 있다는 사실을 공식적으로 약관에 삽입했다.

비유하자면, 콘텐츠 유통 플랫폼에서 핵심 거래 파트너가 된 페이스북이 심판으로서 얻게 된 정보를 이용해 선수들의 연봉 상당 부분을 수수료 명목으로 챙긴 셈이다. 주요 언론사를 비롯해 페이스북 플러그인을 설치한 웹사이트들은 좋은 콘텐츠를 생산해 독자나 시청자를 모으고도 이를 수익으로 전환하는 데 가장 중요한 핵심 정보를 플랫폼인 페이스북에 고스란히 내주게 됐다. 플랫폼 사업자의 이해관계 충돌을 방지하지 못한 구조적인 문제도 있지만, 여기서는 특히 페이스북이 이용자 정보를 광고에 활용하지 않겠다던 약속을 손바닥 뒤집듯 저버린 것도 큰 문제였다.

페이스북은 이용자에게 돈을 받지 않고 공짜로 세상과 연결해주고 있다고 늘 광고해 왔지만, 실제로는 고객이 페이스북 생태계 안에서 활동하는 모든 내역, 정보는 페이스북에 고스란히 쌓여 광고주에게 비싼 값에 팔린다. 많은 사람이 페이스북을 이용하면 플랫폼이 곧 페이스북에는 노다지나 다름없다. 미국에 사는 사람이 페이스북 계정을 가지고 있다면, 그 사람은 기본적으로 분기당 평균 페이스북에

51 달러를 벌어주는 셈이다.[23] 이 수치는 개인정보보호 규정이 강력한 유럽에선 절반 정도로 낮아진다. 우리가 페이스북에 공짜로 서비스를 이용할 수 있게 해줘서 고마워해야 할 게 아니라, 페이스북이 귀한 데이터를 공짜로 모을 수 있게 해줘서 우리에게 고마워해야 할 일이다. 아니, 고마워할 게 아니라 고객에게 정당한 대가를 치러야 한다. 아니면 개인정보를 가지고 함부로 장사하지 못하게 규제 당국이 나설 필요가 있다. 다만 내가 쓴 글, 내가 좋아요를 누른 기록 등의 궁극적인 소유권이 나에게 있다는 건 분명해 보이지만, 플랫폼을 상대로 이 소유권을 어떻게 주장하고 받아낼지는 마땅한 방법이 없기도 하다.

소셜미디어에서 내가 활동한 내역은 내 개인정보인 동시에 당연히 내 네트워크가 함께 노출되는 소셜 데이터이기도 하다. 내가 친구와 주고받는 대화 내용부터 누구랑 같은 기사를 보고 같은 글에 좋아요를 누르며 같은 행사에 참여하는지 등을 종합하면 페이스북은 나뿐만 아니라 내 주변 사람들까지 상당히 자세하게 파악할 수 있다. 광고주에게 팔 수 있는 데이터는 더욱 정교하고 풍성해진다. 월스트리트저널이 단독 보도한 "페이스북의 자료들(Facebook Files)" 기사에 따르면, 저커버그는 이용자가 소셜미디어에 더 오래 머물도록 하기 위해 갖은 방법을 다 동원했다고 하는데, 그 이유를 알 만하다.[24]

'디지털 프라이버시의 역설'이란 말이 있다. 사람들은 자신의 개인정보를 매우 민감하게 생각한다. 설문조사만 해도 이런 경향이 뚜렷이 드러나는데, 기업이 "함부로" 내 정보를 가져다

쓰려면 많은 돈을 내야만 허락할 것 같다. 그런데 실제 사례를 보면 1~2 달러 쿠폰만 제시하면 사람들은 '소중한 개인 정보'를 제공하는 약관에 선뜻 동의하는 경우가 많다. 2016 년 대선 전에 발생한 케임브리지 애널리티카 스캔들 때도 그랬다. 이렇게 소셜미디어상에서 개인정보를 모으기가 너무 쉽다 보니 플랫폼 기업들은 법을 어기지 않는 선에서도 쉽게 돈이 되는 데이터를 모을 수 있다. 리나 칸 위원장은 그래서 소셜미디어 기업이 모은 개인정보 데이터의 용처까지 규제 당국이 엄격히 규제할 필요가 있다고 지적한다.

마지막으로 페이스북의 초창기 일화를 하나 더 살펴보자. 한국에선 싸이월드가 유행하던 시절 인터넷 커뮤니티 형식의 소셜미디어 서비스가 태동하던 시기였다. 미국에선 페이스북보다 앞서 마이스페이스(Myspace)라는 서비스가 있었다. 페이스북은 후발주자로서 마이스페이스를 따라잡고자 노력했는데, 한번은 마이스페이스의 고객 정보가 유출된 적이 있다. 그러자 페이스북은 재빨리 프라이버시 보호 규정을 강화한 뒤 이 사실을 적극적으로 홍보하며 마이스페이스의 고객을 끌어왔다. "데이터 유출 걱정 없는 서비스"라는 페이스북의 광고는 먹혀들었고, 마이스페이스는 끝내 페이스북과의 경쟁에서 밀려 문을 닫는다. 경쟁자가 사라지자 페이스북은 금세 개인정보 보호 규정을 다시 원래대로 돌려놓았다. 이 사례에서 페이스북의 도덕성이나 경영 윤리를 비판하는 건 의미 없는 일이다. 이윤을 추구하는 기업이 법의 테두리

안에서 정상적으로 내린 사업 결정이라면 실적으로 평가받으면 될 일이다. 다만 주주나 투자자의 이윤보다 개인정보 보호나 시장의 경쟁 질서를 신경 써야 하는 정부, 규제 당국은 관련 법을 강화해서 기업이 고객의 개인정보를 함부로 다루지 못하도록 인센티브를 바꿔야 한다. 불공정 경쟁을 방치하다 적발되면 내야 하는 과징금이 그를 통해 얻을 이익보다 더 많다면 기업들은 당연히 법을 열심히 지킬 것이다.

D. 애플

애플은 2018 년 전 세계 모든 기업 가운데 처음으로 시가총액 1 조 달러를 돌파했다. 이어 지난 2020 년에 최초로 시가총액 2 조 달러를, 올해 초에는 드디어 3 조 달러를 돌파하며, 세계에서 가장 비싼 기업 자리를 계속 지키고 있다.[25] 초기 애플의 성장을 이끈 건 맥북 컴퓨터와 아이폰 등 하드웨어 기기였다. 그러나 지금 애플의 시가총액을 뒷받침하는 건 iOS 운영체계와 압도적인 앱 생태계 점유율이다. iOS 와 구글이 인수한 안드로이드는 전 세계 컴퓨터 운영체제의 양대 산맥이라고 할 수 있는데, 둘의 차이 가운데 가장 두드러지는 점은 생태계의 개방성 여부다. 안드로이드는 알파벳의 자회사 기기에서만 쓰이지 않는다. 삼성이나 LG 가 제조한 스마트폰도 안드로이드 체제에서 구동된다. 그러나 애플의 iOS 는 아이폰이나 맥북, 애플 워치 등 오로지 애플 기기에서만 쓰인다. 안드로이드가 개방적이라면, iOS 는 폐쇄적인 특징이 있다.

iOS 의 폐쇄성은 애플이 수직적 인수·합병을 통해 성장해온 것과 무관하지 않다. 애플은 1988 년, 창업한 지 12 년 뒤에 첫 인수·합병에 나섰다. 이후 원래 사업 분야라고 할 수 있는 컴퓨터 하드웨어와 소프트웨어, 앱 분야에서 지금까지 27 건의 인수·합병을, 신사업 분야에서는 96 건의 인수·합병을 했다. CEO 팀 쿡은 지난 2019 년 5 월 "지난 반년간 무려 25 개 회사를 사들였다"고 직접 밝히기도 했다.[26] 아마존과 마찬가지로 애플도 어떤 회사를 사들이는지 보면 앞으로의 사업 전략을 가늠할 수 있다. 스트리밍 서비스를 사들인 뒤 애플 뮤직을 출시하거나 의료 스타트업을 사들이고 나서 애플 워치에 건강 관련 데이터나 생체 정보를 연동하는 서비스를 출시하는 식이다. 최근 들어 애플은 인공지능 스타트업을 적극적으로 사들이고 있는데, 이를 두고 애플이 자율주행 자동차 사업에 뛰어드는 것 아니냐는 전망도 나온다.[27]

애플이 iOS 는 폐쇄적으로 운영하더라도 앱스토어에 있는 모든 앱까지 다 직접 만들 수는 없다. 그래서 애플 앱스토어에 가면 제 3 자 개발자들이 만든 앱들이 진열돼 있다. 문제는 애플이 아마존이 아마존 마켓플레이스에서 하던 것과 마찬가지로 자체 앱을 개발해 파는 일을 겸한다는 점이다. 핵심 거래 관계자가 직접 물건을 판매하는, 이해관계가 충돌할 소지가 다분한 지점이다. 이제 독자들도 리나 칸 위원장이 두 번째 논문 제목을 "플랫폼과 상업의 분리"로 지은 이유를 어느정도 짐작하실 수 있을 거다. 빅테크 기업들에게서는 대개 같은 레퍼토리가 반복된다. 규제 패러다임의 사각지대를 공략해 성장한 점에서는 GAFA 네 기업이 다르지 않다.

a. 애플 iOS / 앱스토어 / 애플의 자체 앱

애플 앱스토어에 입점한 제 3 자 업체 개발자들은 애플이 자체 앱을 우대하기 위해 제 3 자 개발자들에게는 불리한 조건을 내건다고 지적한다. 대표적으로 음악 스트리밍 서비스 스포티파이(Spotify)가 애플에게 당한 차별 사례를 꼽을 수 있다. 애플은 앱스토어를 운영하는 관리자인 동시에 스포티파이를 비롯한 스트리밍 서비스와 직접 경쟁하는 애플 뮤직(Apple Music)을 출범한 주체였다.

애플 뮤직이 세상에 나오기 전에는 앱스토어에서 "음악(music)"을 검색하면 가장 먼저 스포티파이 앱이 나왔다. 그러나 2016 년 6 월 애플 뮤직이 출범한 직후, 애플 뮤직은 스포티파이를 제치고 검색결과 최상위를 차지했다. 아마존 마켓플레이스에서 아마존이 자체 브랜드를 '밀어준' 것과 같은 일이었다. 스포티파이의 순위는 계속 떨어져 2018 년 말에는 8 위까지 밀려났다. 가장 위에는 (스폰서링크처럼) 광고 표시가 붙은 앱이 소개되고, 두 번째로 나오는 검색결과가 실질적인 최상위 검색결과인 셈이다. 보통 아이폰에서 검색하면 한 화면에 앱이 3 개 정도 보인다. 8 위로 밀려났다는 건 음원 스트리밍 앱 시장에서 사실상 퇴출당한 거나 다름없다. 스포티파이 측은 또 애플이 스포티파이와 다른 몇몇 앱에서만 앱 내 결제에 대해 30%의 수수료를 부과한다고 지적했다. 이 수수료는 모든 앱에 동등하게 적용되지 않았다. 애플의 자체 앱이나 우버처럼 애플과 직접 경쟁하지 않는 앱은 결제 수수료를 내지 않았다. 애플은 또 스포티파이가 애플 이용자들과 소통하는 걸 여러 방법으로 차단했으며,

스포티파이의 앱 업데이트나 버그 수정 등을 제때 승인해주지 않았다. 스포티파이는 애플 뮤직과 불공정경쟁에 내몰린 끝에 매출이 줄었다.

애플은 앞서 2008년에도 아이폰에 기본으로 깔린 자체 앱과 경쟁 가능성이 있는 제3자 앱을 견제하고 차단한 적이 있다. 아이폰이 스마트폰 이용 시간을 알려주는 "Screen Time" 기능을 탑재하기 전에 애플은 디지털 사용 시간을 체크해주는 앱들을 퇴출했다.

리나 칸 위원장은 두 번째 논문에서 규제의 새로운 원칙을 제시했다. 만약 빅테크 플랫폼 기업이 지배적인 중개인 혹은 지배적인 네트워크로서 시장의 인프라를 제공하는 핵심 거래 파트너라면, 그래서 시장에 참여하는 업체들이 플랫폼에 의존하지 않고서는 사업을 할 수 없을 정도의 영향력을 가지고 있다면, 빅테크 플랫폼이 직접 시장에서 경쟁하는 것을 금지해야 한다. 이런 원칙이 없다면 지금 막 살펴본 거대 플랫폼이 해온 것처럼 불공정 경쟁이 계속될 것이고, 이는 혁신을 저해해 시장 전체의 생산성을 낮출 것이다. 경쟁이 줄어드는 것은 독점의 가장 큰 폐해로 이어지는 전 단계에 나타나는 직접적인 징조다. 리나 칸 위원장은 독점적인 권력을 가진 플랫폼 사업자가 자기 이익을 우선시해서 경쟁 질서를 해치며 시장에 개입할 만한 인센티브 자체를 차단하는 것이 반독점 규제의 핵심 원칙이 돼야 한다고 주장한다.

3. 경쟁과 혁신, 독점과 규제

미국은 세계 경제를 선도하는 국가다. 미국 시장은 세계에서 가장 치열한 경쟁을 뚫어야만 살아남을 수 있는 곳, 경쟁 덕분에 혁신이 쉴 없이 일어나는 곳으로 묘사되곤 한다. 정말 그럴까? 2차 세계대전이 끝난 뒤 20세기 후반에는 그랬지만, 최근 20~30년을 놓고 보면 미국 시장에서 경쟁이 많이 줄었다는 것이 뉴욕대학교 경영대학 토마 필리퐁 교수의 주장이다.[28]

경쟁은 혁신을 가능케 하는 중요한 토대다. 시장에 경쟁이 없으면 혁신이 일어날 유인도 없는 셈이다. 그런데 필리퐁 교수를 비롯한 경제학자들의 설명을 종합해보면, 지난 30여 년간 미국의 경제 구조는 대체로 경쟁이 줄어들고, 소위 몇몇 잘나가는 대기업들이 시장 지배력을 확대하는 방향으로 바뀌었다. 경쟁이 활발하게 일어나도록 보장하는 일은 시장을 관리하는 규제 당국의 몫이다. 결국, 미국 시장에서 경쟁이 줄어든 건 반독점 규제가 제대로 작동하지 않았다는 뜻이기도 하다.

경쟁이 줄어든 미국 시장

필리퐁 교수는 2019년 미국 경제연구소(NBER, National Bureau of Economic Research)에 낸 보고서에서 시장의 경쟁 구조를 설명하면서 시장의 집중화를 '좋은 집중화'와 '나쁜 집중화'로 구분했다.[29] 독점 기업이 있는 시장이라고 반드시 나쁘다고 볼

수 없고, 여러 기업이 경쟁하는 시장이 무조건 좋은 것도
아니다. 좋은 집중화란 예를 들면 시장에서 독보적인 기업이
다른 경쟁자들을 혁신과 생산성으로 압도해 소비자들이 그
회사가 만든 제품만 쓰려고 할 때 나타나는 집중화다. 또는
규모의 경제를 효과적으로 이뤄낸 기업이 집중화의 혜택을
누리는 경우도 독점이라고 무조건 나쁘다고 말하기 어렵다.
자유롭고 공정한 경쟁을 방해해 독점적 지위에 오른 기업이
부당한 독점 이윤을 추구해 사회 전체의 효용을 떨어뜨린
경우가 아니기 때문이다. 혁신이나 규모의 경제를 통해 오히려
효율성과 생산성을 높였다면, 그 점을 봐야지 시장 점유율만
가지고 비판해선 안 된다.

반대로 나쁜 집중화란 흔히 우리가 아는 독점의 폐해를
떠올리면 된다. 생산성이 높지 않은 회사인데도 정치권에
로비를 하거나 지대를 추구해 규제 당국으로부터 받은 특혜로
시장 점유율을 유지하는 경우, 또는 다른 경쟁자가 시장에
진입하지 못하게 위협하는 등 진입장벽을 쌓아 이룩한
집중화는 나쁜 집중화의 대표적인 사례다. 독점으로 인한
폐해를 규제 당국이 바로잡지 못하면 시장의 경쟁 질서는 더
흐트러지고 나쁜 집중화는 심화한다.

물론 좋은 집중화와 나쁜 집중화를 명확히 구분하기는 어렵다.
높은 시장 점유율을 보이는 기업들 가운데는 혁신을 통해
소비자의 선택을 받아 좋은 집중화를 이뤄낸 뒤 그 자리를
지키기 위해 로비 등 진입장벽을 쌓은 곳이 드물지 않다.
이렇게 좋은 집중화와 나쁜 집중화가 혼재된 경우가 많지만,
산업 분야별로 좋은 집중화의 사례가 도드라지는 곳도, 반대로

나쁜 집중화의 사례가 눈에 띄는 곳도 있다. 시카고 경영대학원의 채드 사이버슨 교수는 2015년에 쓴 논문에서 미국의 대표적인 좋은 집중화 사례로 소매 분야를 꼽았다.[30] 슈퍼마켓 체인이나 의류 판매점들은 연구·개발에 적극적으로 투자해 생산성을 높인 결과 좋은 집중화를 이뤄냈다. 예를 들어 월마트는 재고 관리 소프트웨어와 기술에 적극적으로 투자해 생산성을 높였다. 기업이 기술 혁신을 통해 효율성을 제고하자, 소비자가격도 낮아졌다. 반대로 나쁜 집중화의 대표적인 사례는 통신회사다. 통계를 보면 미국의 휴대전화 요금은 OECD 평균보다 두 배 가까이 비싸다. 많은 나라에서 통신사는 독과점 체제로 운영되는데, 미국의 통신사들은 특히 통신비는 터무니없이 비싸면서 서비스의 질은 나쁘기로 악명이 높다.

시대별로도 집중화의 양상에서 차이가 눈에 띈다고 필리퐁 교수는 설명한다. 미국에선 1990년대까지는 시장의 경쟁이 치열했고, 집중화가 있더라도 좋은 집중화가 대부분이었는데, 2000년대 들어서면서 본격적으로 나쁜 집중화가 많아졌다는 것이다. 프랑스에서 그랑제꼴을 졸업한 뒤 보스턴에 있는 MIT에서 박사 학위를 받은 자신의 경험을 토대로 필리퐁 교수는 두 시기를 비교한다. 즉, 본인이 처음 미국에 유학 왔을 때만 해도 유럽의 통신비가 미국보다 더 비쌌는데, 언젠가부터 두 물가가 역전됐고, 지금은 미국에서 통신비나 인터넷 요금을 훨씬 더 많이 낸다는 것이다.

1990년대까지는 대개 혁신과 효율성에서 앞서 치열한 경쟁을 뚫은 기업들이 성공했는데, 2000년대부터는 효율성보다는 진입장벽을 활용하는 등 이른바 나쁜 집중화 사례가 많아졌기 때문이라고 필리퐁 교수는 분석한다. 진입장벽이 높아져 새로운 경쟁자가 나타나지 않으면, 기업들은 연구·개발에 투자를 줄이고 생산성 향상에 신경을 덜 쓴다. 가격은 올라가고 물건과 서비스의 질은 나빠지는 나쁜 집중화의 문제점, 즉 독점의 폐해가 실제로 2000년대부터 여러 분야에서 잇달아 나타났다.

그렇다면 왜 2000년대가 변곡점이 됐을까? 기술이 발전하면서 어쩔 수 없이 나타나는 현상이었을 수도 있고, 정부와 규제 당국이 정책을 잘 폈다면 막을 수 있는 일이었을 수도 있다. 필리퐁 교수는 정부 정책이 미비했던 점이 더 크게 작용했을 거라면서 또 다른 사례로 항공업계를 든다. 1990년대까지만 해도 항공권 가격은 미국이 유럽보다 많이 쌌다. 그런데 2000년대 중반부터 미국은 주요 항공사들의 대대적인 인수·합병이 잇따라 일어났다. 2008년에 델타 항공이 노스웨스트를, 2010년에 유나이티드 항공이 컨티넨털을, 2011년엔 사우스웨스트 항공이 에어트랜을, 2014년엔 아메리칸 항공이 유에스 에어웨이즈를 인수했다.[31] 항공사의 숫자가 줄어들면서 항공료는 올랐다. 반면에 항공료가 비쌌던 유럽에선 2000년대 중반 이후 라이언에어(Ryanair), 이지젯(EasyJet) 등 저가 항공이 많이 생겼다. 기존 항공사들은 저가 항공의 등장 이후 예전처럼 가격을 쉽게 올리지 못했다. 미국에선 인수·합병에 제동을 걸 권한이 있던 규제 당국이 이를 막지 못했거나 막지 않은 반면, 유럽의 규제 당국은 항공 시장의 진입장벽을 낮추고 강력한 반독점 규제를 시행했다. 유럽의 항공 산업을 규제하는 역할은 각국 정부보다 유럽연합 반독점 규제 당국이 맡았는데, 유럽연합이 처음 꾸려질 때 유럽 중앙은행(ECB) 등 유럽연합의 중앙 기관에 특정 국가가 너무 큰 영향력을 미칠까 두려웠던 회원국들이 유럽연합 집행위원회를 비롯한 중앙의 규제 기관에 상당한 권한을 주기로 합의했기 때문에 가능했던 일이다. 그 결과 유럽연합 반독점 규제 기관은 역사는 짧지만, 미국의 규제 기관보다도 더욱 효과적으로 규제를 만들고 정책을 집행해왔다.

유럽연합이 설립된 이후를 비교해보면, 미국과 유럽은 정반대의 길을 걸었다. 실제로 1990년대까지만 해도 미국에서 분야별 생산성과 시장 집중도 사이에는 양의 상관관계가 있었다. 생산성이 늘어나는 분야에서 시장 집중도도 높아졌다는 뜻으로, 좋은 집중화가 나타난 결과로 볼 수 있다. 그런데 이 현상이 2000년대부터 뒤집혔다. 즉, 생산성이 늘어나는 분야에서는 시장 집중도가 낮아지고, 시장 집중도가 높아진 분야의 생산성은 반대로 낮아졌다. 나쁜 집중화가 많아진 결과로 볼 수 있는데, 이는 2000년 이후 미국 경제가 동력을 잃었다는 분석과도 일맥상통한다. 애플이나 구글, 아마존 같은 위대한 기업들이 본격적으로 성장한 것이 2000년대 이후의 일이니, 미국 경제가 동력을 잃었다는 표현에 의아해하는 사람도 있을 것이다. 그러나 경제에 활력을 불어넣는 건 정점에 있는 대기업보다도 끝없이 새로 생겨나고 시장에 진입해 경쟁을 추동하는 신생 기업들이다. 그런데

'스타트업의 천국'이라는 별명이 무색하게 미국의 신생기업 숫자는 2000년대 들어, 특히 2008년 금융위기 이후 급감했다.[32]

1978년 미국에 존재한 기업 가운데 15%는 창업한 지 1년이 채 되지 않은 신생기업이었다. 2011년에는 이 비중이 8%로 반토막이 됐다. 이렇게 신생기업이 생겨나는 빈도는 계속 줄어들고, 창업자의 나이는 점점 더 많아지는 추세가 이어지고 있다. 젊은 창업자가 줄어드는 건 그만큼 창업에 필요한 자본이나 네트워크가 많아져 창업의 진입장벽이 높아졌다는 뜻이다. 새롭게 시장에 뛰어드는 기업은 줄고, 선두 기업들은 자리를 공고히 하며 계속 몸집을 불려 슈퍼스타 기업(Superstar firms)이 됐다.[33]

슈퍼스타 기업이 있다는 건 1등 기업이 시장에서 차지하는 점유율, 영향력이 커졌다는 뜻이다. 이에 관해 MIT 경제학과의 노동경제학자 데이비드 오터 교수와 공저자들은 선진국의 GDP에서 노동 임금이 차지하는 비중이 지속해서 줄어든 점을 지적했다.[34]

노동 임금이 차지하는 비중은 왜 줄어든 걸까? 오터 교수와 저자들은 그 이유로 슈퍼스타 기업의 등장을 꼽았다. 논리는 간단하다. 세계화가 활발하게 진행되고 기술이 발전하면서 가장 생산성이 높은 회사가 시장에서 살아남고 점유율도 높아졌다. 그런데 생산성이 높은 회사일수록 자동화나 소프트웨어 등 기술에 많이 투자한 경우가 많다. 제품이나 서비스를 생산하기 위해 투입된 노동의 비중이 기존 기업들보다 낮고, 반대로 자본의 비중은 대체로 높다는 뜻이다.

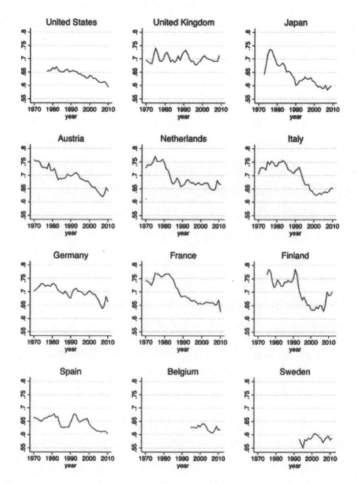

표를 보면 1980년대 중반에는 미국 GDP에서 노동 임금이 65%를 차지했는데, 그 비중이 2010년엔 60% 이하로 낮아졌다. 오스트리아는 1970년대엔 노동 임금이 GDP의 75%를 차지했다가 2010년엔 65%로 급감했다. 다른 OECD 국가들의 사정도 비슷하다.

자연히 노동 소득의 비중이 줄어들었다. 과거에는 노동이 많이 투입된 여러 기업이 시장에서 경쟁했다면, 슈퍼스타 기업 위주로 재편된 시장은 자본이 상대적으로 많이 투입된 소수의 기업이 장악하고 있다.[35]

이 문제를 해결하는 방법 가운데 하나는 정부가 세제를 조정해서 투입된 생산 요소 가운데 자본에 더 많은 세금을 물리고, 노동에 물리는 세금은 줄여주는 것이다. 그러나 세율을 바꾸는 일은 쉽지 않고, 실제로 미국 정부는 그동안 소프트웨어나 기계, 장비 등에 투자할 때보다 노동자를 고용할 때 기업에 더 많은 세금을 물렸다.[36]

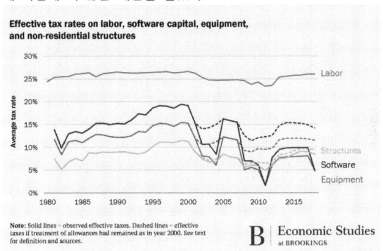

Effective tax rates on labor, software capital, equipment, and non-residential structures

Note: Solid lines = observed effective taxes. Dashed lines = effective taxes if treatment of allowances had remained as in year 2000. See text for definition and sources.

B | Economic Studies at BROOKINGS

슈퍼스타 기업은 대체로 동종 업계에서 생산성이 가장 높은 회사다. 2000 년대 이후에 미국에서 시장 집중도가 높아진 걸

꼭 나쁘게 볼 이유가 없지 않냐는 주장이 나오는 이유도
슈퍼스타 기업 가운데 혁신과 효율성을 바탕으로 치열한
경쟁을 뚫고 성장한 기업들이 많아서 그렇다. 생산성이 높은
회사들이 경쟁에서 승리해 자연스럽게 성공한 걸 비판해선 안
된다는 논리다. 그러나 슈퍼스타 기업이 초기에 성장할 때는
좋은 집중화의 양상을 보였더라도 이후에는 버젓이 진입장벽을
세우는 등 반독점 규제의 허점을 악용한 경우가 많다. 현재
미국 시장 곳곳에서 보이는 나쁜 집중화를 분석하려면 정부의
역할, 특히 반독점 규제가 왜 제대로 작동하지 않았는지부터
자세히 살펴봐야 한다.

미국 반독점 규제의 역사: 셔먼법부터 리나 칸까지

21세기 들어 미국에서는 나쁜 집중화가 계속 심화하면서 경제
전반에 활력이 떨어졌다. 2008년 찾아온 금융위기와 경기 침체
이후 나쁜 집중화는 더 심해졌다. 이런 가운데 집권한 바이든
행정부는 '중산층 살리기'를 경제 정책의 핵심 기조로 내세웠다.
GDP 대비 노동 임금의 비중이 줄어들고, 좋은 일자리가
사라지면서 경제적 양극화도 심해지는 상황에서 경제 전반에
일자리를 늘리고 노동자들의 실질 임금을 높여 중산층을 다시
두텁게 하는 선순환 구조를 되살리려면 경쟁을 강화해야
한다고 판단한 것으로 보인다. 경제 권력의 집중을 직접
완화할 수 있다면 가장 좋겠지만, 집중화 자체를 막기는
어려우니 '나쁜 집중화'를 '좋은 집중화'로 돌리려는 시도이며,
이를 위해 바이든 대통령이 꺼내든 것은 강력한 반독점 규제를
통해 경쟁을 강화하는 일이었다.[37] 바이든 대통령은 취임 후

자신의 임기 성패를 가를 중대한 경쟁 정책을 진두지휘할
인물로 33세의 젊은 법학자 리나 칸 컬럼비아대학교 로스쿨
교수를 발탁했다. 리나 칸 신임 연방거래위원장은 의회의
인준을 거쳐 지난 6월 15일부터 임기를 시작했다.
칸 위원장은 본 보고서에서 자세히 살펴보고 있는 논문 두
편을 포함해 여러 차례 기회가 있을 때마다 디지털 경제의
가장 중요한 문제로 빅테크 플랫폼 기업에 시장의 권력이
지나치게 집중된 점을 꼽았다. 현재 미국의 반독점법과 규제는
20세기에 만들어진 뒤 많은 부분 업데이트되지 않았다.
21세기 반독점 규제기관이 빅테크 기업에 반독점법을 적용할
수 있을까? 리나 칸 위원장은 그럴 수 있으며, 그래야 한다고
믿고 있다. 다만 앞서 살펴봤듯이 지배적인 플랫폼 기업 네
곳은 모두 아주 젊은 기업이다. GAFA 가운데 연혁이 가장 긴
애플이 창업한 지 45년도 채 되지 않았다. 그래서 아직
미국에선 반독점 규제 당국이 빅테크 기업을 본격적으로
규제한 전례가 없으며, 유럽연합의 경우 규제 당국이 구글과
벌인 몇몇 소송에서 이제 막 결과가 나오고 있다. 우선 이번
장에서는 지금의 연방거래위원회가 설립된 배경을 비롯한 미국
반독점 규제가 어떻게 바뀌어왔는지 그 역사를 살펴보고, 다음
장에서는 리나 칸 위원장이 주장하는 반독점 규제의 새
패러다임이 무엇인지 자세히 알아보겠다.[38]

- **셔먼 반신탁법과 연방거래위원회**

우리말로는 독점을 금지하고 견제한다는 뜻에서
'반(反)독점'이라고 부르는 일련의 규제가 영어로는 'anti-

monopoly'가 아니라 'anti-trust'다. 독점이 아니라 신탁을 금지한다는 '반(反)신탁' 정책 기조가 반독점과 같은 뜻으로 쓰이게 된 연유는 뭘까? 18세기 영국으로부터 독립하면서 정치적으로 군주제가 아닌 대의민주주의 공화정을 채택한 미국에서 신탁의 경제적 횡포를 막는 일은 지금 우리에게 익숙한 용어를 빌리자면 일종의 '경제 민주화' 작업이었다. 19세기 미국 경제를 좌지우지한 부자들을 강도 남작(robber barons)이라고 부른다. 표현에서 유추할 수 있듯 강도 남작은 증기기관이 들어오고 철도가 깔리던 산업화 초기 본격적으로 부를 쌓은 기업가와 자본가를 일컫는 멸칭이다. 이들은 투자와 기업 활동에 대한 규제가 전무한 상황에서 독점 기업을 운영하며 막대한 부를 쌓았다. 특히 법과 규제의 공백을 이용해 미성년자에게 노동을 시키고 임금을 제대로 주지 않고 노동자를 착취했으며, 소비자의 권익은 전혀 고려하지 않는 등 비윤리적인 경영을 일삼았는데, 강도 남작들이 독점 기업의 지위를 유지할 수 있던 핵심적인 기제가 바로 신탁이었다.

신탁의 작동 원리는 간단했다. 부자들이 돈과 주식을 모아 신탁에 맡기면, 신탁이 한 산업 분야를 통째로 소유하는 독점 기업을 만들어냈다. 신탁이 운영하는 독점 기업은 철도, 석유, 철강, 제당 등 수많은 분야를 온전히 장악했다. 대표적인 독점 기업 두 곳이 철강 업계의 미국 철강(U.S. Steel)과 석유 업계의 스탠더드 오일(Standard Oil)이었다. 독점 기업들은 원료 수급부터 제조 공정, 유통 과정을 모두 통제했고, 당연히 가격도 원하는 대로 매길 수 있었다. 한 회사가 산업 전체를 장악하면 경쟁은 사라진다. 중소기업과 소비자들은 모든 제품과 서비스를 독점 기업에서 살 수밖에 없다. 독점 기업이 생산하는 물자는 '부르는 게 값'이었다. 중소기업은 가격을 감당하지 못해 도산했고, 소비자들은 가난에 허덕였다. 소비자들은 곧 각 산업 부문에서 일하는 노동자이기도 했는데, 가뜩이나 모든 분야에서 낮은 임금과 장시간 노동으로 착취당하던 노동자들은 독점 기업이 매긴 비싼 가격에 물가가 오르면서 이중으로 고통받았다.

사회의 모든 부를 강도처럼 싹 긁어간 자본가들은 이내 막강한 경제 권력을 휘두르는 신흥 귀족이 됐다. 갈수록 심각해지는 부익부빈익빈 문제를 정부가 나서서 해결해야 한다는 목소리가 높아졌다. 당시 대통령이었던 테드 루즈벨트(Theodore Roosevelt)는 지금 우리가 알고 있는 '반독점법'의 시초라 할 만한 일련의 규제를 만들어냈다.[39] 규제의 목표는 시장에서 경쟁을 촉진해 소비자를 보호하는 것이었다. 독점기업을 관장하던 신탁들은 강력한 규제에 줄줄이 해체됐다.

행정부의 규제에 힘을 실어주기 위해 의회는 불공정 경쟁을 막고 제대로 된 경쟁을 강화하기 위한 법을 제정했다. 먼저 1890년에 미국 최초의 반독점법 셔먼법(Sherman Act)이 통과됐다. 당시로선 매우 혁신적인 법이라는 평가를 받은 셔먼법의 골자는 서로 경쟁하는 기업들끼리 담합을 금지하는 것이었다. 셔먼법에 따라 경쟁사들은 상품의 가격을 협의해 정하지 못하게 됐다. 가격 담합을 법으로 금지한 첫 사례다. 불공정 경쟁을 조장하는 모든 행위가 금지됐고, 기업가나 자본가는 법을 어기면 많은 벌금을 내는 건 물론 형사 처벌을 받을 수도 있었다.

법을 발의한 존 셔먼 상원의원은 "우리가 정치에서 왕을 허용하지 않기로 했다면 경제에서도 그래야 한다. 우리가 정치에서 제국을 인정하지 않기로 했다면 경제에서도 인정하지 말아야 한다."라는 말을 남겼다. 건국의 아버지들은 미국 정치 제도를 고안할 때 정치 권력이 한곳에 집중되지 않게 하기 위해 아주 세심하게 신경을 썼다. 그 결과 '견제와 균형'은 미국 정치 제도를 지탱하는 대원칙 가운데 하나가 됐다. 루즈벨트 대통령과 셔먼 의원을 비롯한 당시 정치인들은 시장 제도를 운영하는 데도 경제 권력이 한곳에 집중되지 않는 것이 미국의 가치에 부합하는, 미국다운 일이라고 생각했다.

이어 1914년에는 클레이튼법(Clayton Act)이 통과됐다. 셔먼법이 제정된 뒤 신탁과 신탁이 운영하던 독점 기업들은 잇따라 분할되거나 해체됐다. 그러나 시간이 흐르면서 다시 다른 기업과 경쟁하는 대신 생산 전반을 장악하고 독점 가격을 설정해 이윤을 노리는 기업들이 나타났다. 신탁을 통해 지분과 자본을 몰아서 독점기업을 운영하면 셔먼법을 어기게 되자, 기업가와 자본가들은 아예 신탁을 거치지 않고 다른 기업을 직접 인수하거나 합병해 몸집을 불렸고, 대기업으로 거듭났다. 이를 막기 위해 제정된 클레이튼법은 기업의 인수·합병을 엄격히 심사했고, 경쟁을 제한하거나 방해하는 인수·합병은 금지했다.

어떤 인수·합병이 경쟁을 제한하고, 기업의 어떤 행위가 불공정 경쟁인지 판단하는 역할은 누가 하게 될까? 이를 위해 법이 제정된 같은 해에 연방거래위원회법이 통과됐고, 연방거래위원회가 설립됐다. 기업의 불공정 행위를 종합적으로 감독할 수 있는 연방 기구를 만든 것이다. 위원회는 경쟁을 가로막거나 방해하는 행위를 비롯해 일련의 불공정 경쟁을 적발해 바로잡는 일을 했다.

연방거래위원회는 오늘날도 반독점 규제의 중추 역할을 하고 있다. 연방거래위원회 외에 법무부 산하 반독점국도 불공정 경쟁 관련 조사 및 규제를 담당하며, 의회에선 법사위원회가, 또 지역별로 발생하는 독점의 폐해에 관해서는 각 주 법무부도 반독점 규제 기관 역할을 한다.

미국의 반독점 규제 역사에서 눈에 띄는 점은 무려 19세기 말에 시장에서 약자인 소비자를 보호하는 일을 정부의 역할로 규정한 점이다. 시장경제가 건강하게 굴러가려면 경쟁력이 떨어지는 기업은 뒤처지고 도태되게 둬도 괜찮지만, 소비자들은 불공정 경쟁으로 인한 피해를 보지 않도록 보호해줘야 한다는 철학이 뒷받침됐기에 가능했던 일이다. 세월이 흐르면서 강조하는 지점은 조금씩 변했지만, 기본적인 철학은 변하지 않았다. 뒤에 살펴볼 시카고 학파의 반론과 리나 칸 위원장의 재반론도 결국은 규제 당국이 어떤 기준을 세우고 접근해야 (시장의 약자인) 소비자를 가장 잘 보호할 수 있느냐를 둘러싼 해석과 전략의 차이에서 비롯된 논쟁이었다.

- 스탠더드 오일

셔먼법과 클레이튼법을 낳는 데 결과적으로 이바지한 사례 가운데 특히 극심한 독점의 폐해로 악명 높은 스탠더드 오일의 흥망성쇠를 살펴보자. 반독점 규제를 처음 마련하는 과정에서 규제 당국이 무엇을 고민했는지 살펴보기 좋고, 이후 반독점 규제 기조가 어떻게 변했는지 비교하는 기준으로 삼을 수도 있으며, 다음 장에서 살펴볼 아마존을 비롯한 빅테크 기업들의 독점과 무엇이 어떻게 다른지 짚어보기 위해서도 강도 남작들이 신탁을 기반으로 만들어낸 독점 기업의 대표적인 사례를 들여다볼 필요가 있다. 바이든 행정부에서 테크 업계 경쟁 정책에 관해 조언하는 특별 보좌관이기도 한 컬럼비아대학교 로스쿨의 팀 우(Tim Wu) 교수가 쓴 "거대 기업의 저주(The Curse of Bigness: Antitrust in the New Gilded Age)"[40] 같은 책에도 자세한 설명이 나오지만, 사실 위키피디아에 정리된 내용만 봐도 스탠더드 오일이 어떻게 이른 시간 안에 미국의 석유 업계를 장악했고, 강제로 분할되면서 문을 닫게 됐는지 주요 흐름은 충분히 익힐 수 있다.[41]

1870 년 존 록펠러(John D. Rockefeller)와 헨리 플레이글러(Henry Flagler)가 오하이오주에서 세운 석유 회사 스탠더드 오일은 석유 생산과 정유, 수송 및 공급을 담당하는 회사로, 최전성기에는 전 세계에서 가장 큰 정유회사였다. 세계 최초로 성공적인 다국적기업으로 발돋움했던 스탠더드 오일은

1911년 미국 대법원이 셔먼법을 어긴 독점 기업으로 판결하면서 34개 회사로 분할, 해체됐다.

스탠더드 오일은 잇따른 인수·합병을 통해 석유 생산 시장을 독점하게 됐는데, 주로 정유 부문에서는 수평적 통합(horizontal integration)을, 나중에는 수직적 통합(vertical integration)을 통해 경쟁자를 흡수, 제거하며 점유율을 높여갔다. 신탁을 통해 자본을 모아 성공적으로 기업연합을 거느리게 된 첫 사례도 스탠더드 오일이었다. 생산과 물류 공정을 모두 통제하게 된 스탠더드 오일은 높은 효율성을 바탕으로 비용을 줄였고, 가격을 낮춰 경쟁자를 몰아냈다. 특히 대단히 공격적으로 가격을 낮추는 이른바 약탈적 가격정책(predatory pricing)을 통해 경쟁자를 고사시키며 다른 기업들을 위협한 점에 대해 비판이 쏠리기도 한다.

스탠더드 오일이 초기에 성장하는 과정을 살펴보면, 이른바 '좋은 집중화'의 특징이 많이 보인다. 효율성을 높이고 책임 있는 경영, 제품 생산을 통해 경쟁자보다 더 좋은 제품을 만들었다. 당시엔 쓰고 남은 휘발유를 그냥 강에 방류하는 게 흔한 시절이었는데, 스탠더드 오일은 공정 과정에서 나오거나 남는 기름을 공장의 기계를 돌리는 데 알뜰히 사용했다. 다른 회사들은 정유를 마친 뒤 남은 폐기물을 대책 없이 쌓아놓았는데, 스탠더드 오일은 혁신적인 방법으로 폐기물을 처리하거나 팔았다. 등유를 이용해 밀랍을 대체할 수 있는 석유화학 제품 바셀린(Vaseline)을 발명한 것이 큰 인기를 끌어 폐기물도 줄이고 매출도 늘린 사례가 대표적이다.

록펠러는 스탠더드 오일을 설립하고 발행한 1 만 주 가운데 2,667 주를 가진 최대 주주가 됐다. 플레이글러를 비롯한 나머지 공동창업자 5 명의 지분은 록펠러의 절반 또는 그 이하였다. 록펠러는 이사회 의결권을 비롯한 경영권을 안정적으로 장악하고, 클리블랜드에 있는 본사를 통해 스탠더드 오일의 주요 결정을 관장했다.

스탠더드 오일은 특히 정유 부문에서 점유율을 높이며 빠르게 성장했다. 록펠러는 경쟁사들을 꾸준히 사들였고, 경쟁력 없는 회사는 사들인 뒤 문을 닫아버렸다. 몸집을 키우며 원유 생산 및 정유, 수송 등 제반 분야를 장악한 스탠더드 오일은 규모의 경제를 앞세워 다른 중소기업들은 엄두도 낼 수 없는 대형 계약을 따낸다. 정식으로 회사를 설립하기 전인 1868 년에 뉴욕 센트럴(New York Central) 산하 자회사였던 철도회사 레이크쇼어 철도(Lake Shore Railroad)와 맺은 비밀 계약이 대표적이다. 스탠더드 오일의 정유 제품을 레이크쇼어가 운영하는 철도를 이용해 수송하면 요금을 배럴당 42 센트에 날라주기로 한 계약이다. 기존 요율보다 71%나 할인해준 파격적인 가격이었는데, 대신 스탠더드 오일은 하루에 최소한 철도 차량 60 대를 채울 수 있는 석유를 수송하기로 했다. 대량으로 화물칸을 사는 대신 요금을 깎아준 건데, 그 정도 물량을 맞출 수 없던 중소기업들은 이 계약을 강력히 비판했다.

록펠러는 또 강이 얼지 않는 여름에는 이리 운하(Erie Canal)를 통해 클리블랜드에서 뉴욕까지 기름을 실어나르며 운송비를 혁신적으로 절감했다. 그 결과 스탠더드 오일의 대표적인 제품

중 하나인 등유 가격은 1865 년에서 58 센트에서 1870 년 26 센트로 급감했다. 원유 및 석유 제품의 큰손으로 가격 경쟁력까지 갖춘 스탠더드 오일에 시장을 장악하는 일은 식은 죽 먹기였다. 이때는 반독점 규제는커녕 독점 기업의 문제에 대한 인식 자체가 거의 없던 시절이다. 미국의 공장과 가정에서 쓰는 주요 에너지원이 석탄에서 석유로 조금씩 바뀌면서 스탠더드 오일은 석유 업계의 성장을 상징하는 회사가 됐고, 석유 업계에서 나는 이윤은 대부분 고스란히 스탠더드 오일의 몫이었다.[42]

초기 스탠더드 오일의 성장은 앞서 잠시 언급한 것처럼 혁신과 규모의 경제를 통해 경쟁력을 확보한 덕분이었다. 원유 생산부터 정유, 물류, 배송에 이르는 공급망을 총괄하게 된 스탠더드 오일은 소비자들이 원하는 제품을 싼값에 공급할 수 있었고, 가격 경쟁력을 앞세워 경쟁자를 압도하고 사업을 확장할 수 있었다. 가격 경쟁으로 이길 수 없던 경쟁자는 급속도로 쌓이는 자본을 동원해 사들였다. 규제 당국이 규모를 앞세워 경쟁자들보다 유리한 계약을 체결하는 기업들을 단속하고 제재하기 시작하자, 록펠러는 당시로선 혁신적인 방안을 들고나온다. 신탁을 결성한 것이다.
1882 년 1 월 2 일, 스탠더드 오일은 수십 개 주에서 각각 따로 운영하던 회사들을 하나로 합쳤다. 정확히 말하면 회사를 합병한 것이 아니라, 수탁인 여러 명이 결성한 신탁회사 한곳에 지분을 몰아 줘서 신탁회사가 여러 회사를 동시에 소유할 수 있게 한 것이다. 기존 회사의 주주 37 명은 수탁인

아홉 명에게 자신들이 가진 회사의 주식을 양도하기로 뒤에서
합의했다. 당시 각 주는 다른 주에 본사를 둔 회사가 자기
주에서 사업을 하면 특별세를 부과해 세수를 늘리고자 했다.
반대로 자기 주 회사들이 다른 주 회사의 지분을 소유하는
것은 법으로 금지한 주가 많았다. 성공한 기업이 자기 주에
본사를 둔 채 다른 기업을 인수·합병하면 그만큼 더 세금을
거둘 수 있으리라 기대한 것이다. 스탠더드 오일이 세운
신탁은 이런 법을 우회하며 독점 기업을 만들어낼 수 있는
묘안이었다. 곧이어 기업들은 앞다투어 신탁을 세웠다.
1885년, 스탠더드 오일은 본사를 클리블랜드에서 뉴욕시로
옮긴다. 이와 함께 오하이오에 등록했던 스탠더드 오일 신탁도
뉴저지로 등록지를 옮긴다. 기업의 주식을 소유하거나
양도하는 것과 관련한 규제를 놓고 보면 뉴저지주가
오하이오주보다 더 느슨했기 때문이다.
스탠더드 오일 신탁은 소수의 부유한 가문이 좌지우지했다.
록펠러 가문이 단연 가장 큰 지분을 가지고 있었는데, 신탁이
해체된 뒤에도 여전히 록펠러 가문이 (구) 스탠더드 오일을
대표하는 주주로 남았다. 수탁인들은 스탠더드 오일의 배당금
대부분을 다른 산업에 다시 투자했다. 철도, 가스, 전기 부문에
투자가 집중됐고, 철강, 구리, 옥수수 등 다른 분야에도
진출했다. 또 원유와 정유 생산량이 급증하면서 중국으로 등유
등 제품을 수출했고, 중동 지역의 유전 개발을 타진하기도
했다.

1890 년, 셔먼법이 상원 51:1, 하원 242:0 이라는 압도적인 표차로 통과됐다. 셔먼법의 정식 명칭은 셔먼 반신탁법(Sherman Antitrust Act)이었다. 셔먼법의 핵심은 앞서 설명한 대로 기업 간의 담합을 금지하는 것이었다. "무역을 제한(restraint of trade)"하는 계약, 전략, 거래, 음모를 포괄적으로 금지한다는 조항이 있었는데, 구체적으로 무엇이 무역을 제한하는 담합 행위인지 판단하는 것은 규제 당국의 몫이었다. 셔먼법을 적용하자 스탠더드 오일 신탁은 곧바로 법을 어긴 독점의 원흉으로 지목된다. 오하이오주 법무부가 스탠더드 오일을 기소했고, 긴 법정 공방이 시작됐다.

1890 년에 스탠더드 오일은 미국 전체 정유 업계의 88%를 장악한 독점 기업으로 성장해 있었다. 오하이오주는 스탠더드 오일 회사를 분할해야 한다며, 1892 년에 소송을 제기했다. 그러나 스탠더드 오일은 회사를 분할하는 시늉만 했다. 오하이오주 사업 부문을 떼어냈을 뿐 소유, 경영 구조는 조금도 바꾸지 않았다. 록펠러는 1896 년 스탠더드 오일 지주회사 경영 일선에서 물러났다. 그러나 회장직과 최대 주주 자리는 그대로 유지했고, 경영은 부회장이던 존 더스틴 아치볼드가 맡았다. 결국, 1899 년이 되면 뉴저지에 등록한 스탠더드 오일사가 41 개 회사의 지분을 소유한 지주회사로 전환된다. 이때 이미 스탠더드 오일은 복잡한 소유 구조를 통해 손자 회사, 증손자 회사에까지 경영권을 미치는 막강한 독점 기업이었으며, 경영을 좌지우지하는 몇몇 극소수 가문은 막대한 이익을 거둬가면서 실제 사업으로 인해 발생하는 일에 대해서는 아무런 책임도 지지 않는 구조를 만들어놓았다.

1904년이 되면 스탠더드 오일의 시장 점유율은 더 높아진다. 원유 생산의 91%, 전체 매출의 85%가 스탠더드 오일 제품이었다. 대표 제품은 등유였는데, 스탠더드 오일은 생산한 등유의 55%를 중국 등 전 세계 각지로 수출했다.

초기엔 '좋은 집중화'를 통해 성장했던 스탠더드 오일이지만, 독점 기업의 지위에 오른 뒤엔 진입장벽을 쌓고, 경쟁자를 부당하게 고사시키거나 몰아내는 전략을 잇달아 쓰는 '나쁜 집중화'의 모습이 보인다. 1904년부터 1906년 사이에 스탠더드 오일의 사업 전략을 검토한 연방 기업위원회가 쓴 보고서는 다음과 같은 결론을 내렸다.[43]

"정유 산업에서 스탠더드 오일이 독보적인 기업의 자리에 오른 데는 수많은 불공정 경쟁이 결정적인 역할을 했다. 송유관을 장악한 스탠더드 오일은 경쟁 업체의 공급망을 마음대로 좌우할 수 있었다. 또 원유나 정유 제품을 철도로 실어 나를 때도 자사 제품과 경쟁사 제품을 철저히 차별했다. 공급망과 판매망 전반에 미치는 영향력을 이용한 불공정 경쟁을 무기로 스탠더드 오일은 성장했다."

반독점 소송이 제기된 뒤 스탠더드 오일이 노골적인 불공정 경쟁을 더는 하지 못하게 되자, 경쟁자들이 스탠더드 오일의 시장 점유율을 조금씩 잠식해갔다. 1906년이 되면 스탠더드 오일의 시장 점유율은 70%로 낮아졌고, 기업이 분할된 1911년엔 64%까지 낮아졌다.

미국 연방 법무부는 1909년 스탠더드 오일을 셔먼법 위반 혐의로 기소했다. 스탠더드 오일이 독점 지위를 이용해 경쟁 질서를 해쳤다고 법무부는 주장했다. 원유 구매부터 정유, 제품 생산, 수송, 판매 등 제반 공정을 모두 장악한 스탠더드 오일은 원하는 업체에 얼마든지 할인 등 특혜를 줄 수 있었고, 이는 경쟁 업체에는 감당할 수 없는 불이익이 됐다. 스탠더드 오일은 앞서 예를 든 것처럼 철도 회사와 단독으로 대규모 수송 계약을 맺거나 독점한 송유관을 이용할 업체를 마음대로 고를 수 있었다. 스탠더드 오일의 경쟁자가 된다는 건 곧 훨씬 비싼 값에 제품을 실어나르며 불확실한 공급망에 의존한 채로 사업하는 셈이었다. 게다가 출혈 경쟁을 감당할 만큼 영업이익이 충분히 컸던 스탠더드 오일은 경쟁자가 나타날 만한 곳에서는 제품 가격을 말도 안 되게 후려쳤다. 경쟁 업체는 원가도 못 건지고 물건을 팔아야 했는데, 이런 상황을 오래 버틸 수 있는 기업은 스탠더드 오일 말고는 없었다. 스탠더드 오일은 또 경쟁 업체의 사업 정보를 몰래 빼 내와 상대방을 고사시키는 데 활용하기도 했다.
법무부는 스탠더드 오일이 보여준 독점 기업의 불공정 경쟁 행위를 구체적으로 지적했다.

"스탠더드 오일과 협력사들은 가장 먼저 핵심 운송망인 철도를 이용할 때 막대한 혜택을 입었다. 이는 다른 업체를 노골적으로 차별하며 스탠더드 오일에만 제공한 특혜였는데, 이런 특혜를 받은 기업은 미국에서 스탠더드 오일뿐이었다. 불공정 경쟁을 통해 경쟁 업체를 고사시키며 성장한 스탠더드 오일의 영향력은 미국 전역에 미치고 있다."

법무부가 구체적으로 지적한 셔먼법 위반 혐의는 다음 네 가지다.

1. 철도 운송 요금 특혜
2. 공개된 요율 적용 과정에서 특혜
3. 운송 관련 규정 적용 과정에서 특혜
4. 스탠더드 오일에만 유조차(tank car) 싼값에 제공

하나같이 기업 간의 담합을 금지한 셔먼법을 어겼다고 볼 만한 소지가 있었다. 법무부의 기소 내용을 조금 더 살펴보자.

"스탠더드 오일은 원유를 실어 오거나 정유 제품을 다시 실어나를 때는 미국 어디에서나 경쟁자보다 훨씬 싼값에 전용 차량을 이용했다. 스탠더드 오일이 장악한 시장에 경쟁 업체가 진출, 철도를 이용해 기름을 운송하려면 훨씬 더 비싼 값을 치러야 했다. 경쟁 업체가 항의하면 철도 회사들은 스탠더드 오일보다 수송 거리가 더 길어서 요금을 더 받는 것뿐이라고 변명했는데, 실제 운송 거리는 대개 거의 차이가 나지 않았다. 반대로 경쟁 업체보다 훨씬 더 먼 거리를 실어나를 때도 스탠더드 오일 제품에는 늘 높은 할인율이 적용됐다. 여러 주를 거쳐 가는 수송의 경우 각 주를 지나는 요금을 다 더하지 않고, 장거리 운임 할인을 해줄 수 있는데, 이런 할인 혜택도 스탠더드 오일이 아닌 다른 경쟁 업체에는 언감생심이었다. 일일이 열거하기 어려울 만큼 다양하고 복잡한 방식으로 요금이 결정됐는데, 복잡한 요율이 통용되는 목적은 언제나

같았다. 스탠더드 오일에 부당한 특혜를 주기 위해서였고, 경쟁
업체는 지속해서 공정하지 않은 차별을 받았다."

이어 법무부는 스탠더드 오일이 독점적으로 장악한 시장에선
제품 가격을 올려 이윤을 늘렸고, 경쟁 업체가 있거나
진입하려는 시장에선 가격을 낮췄다고 지적했다. 가격을 낮출
때는 규제 당국의 감독을 피하기 위해 스탠더드 오일이 소유,
조종하는 기업을 동원했다. 스탠더드 오일이 직접 파는 제품의
가격이 천차만별이면 문제가 생기니, 출혈 경쟁을 할 땐
재빨리 이름 없는 기업을 앞세워 제품을 헐값에 파는 식으로
경쟁자를 몰아냈다.

1911 년 5 월 15 일, 미국 대법원은 앞서 하급법원이 내린
판결이 정당하다고 인정했다. 스탠더드 오일을 셔먼법 2 조가
정한 "부당한 독점 기업"에 해당한다고 판결한 것이다.
대법원은 스탠더드 오일을 34 개 독립된 회사로 분사하라고
지시했다. 34 개 회사의 이사직은 서로 겸직할 수 없었다.
쪼개진 34 개 회사 가운데 가장 큰 회사는 나중에
엑손(Exxon)이 된 뉴저지 스탠더드 오일과 나중에
모빌(Mobil)이 된 뉴욕 스탠더드 오일이었다.[44] 또
셰브론(Chevron), 아모코(Amoco), 마라톤 페트롤륨(Marathon
Petroleum) 등 오늘날까지 탄탄한 수익을 올리는 회사들의
모태도 1911 년 분할된 스탠더드 오일이었다.

한편, 록펠러는 1897 년 회장직에서 물러나면서 경영 일선에서
물러났으나, 이후에도 계속 대주주로 남아있었다. 대법원이
스탠더드 오일을 34 개로 분할하라고 명령한 시점에도 회사

지분의 약 1/4 이 록펠러 소유였는데, 분할 이후 주가가 두 배 가까이 오르면서 '석유왕' 록펠러는 세상에서 가장 부유한 사람이 됐다. 미국 대법원이 반독점법을 적용해 독점 기업을 최초로 분사했지만, 대부분 부당한 독점 이윤으로 쌓아 올린 독점 기업가 개인의 재산은 건드리지 못한 것이다.

대법원이 기업을 무려 34 개로 쪼개버린 경우는 미국 역사에서 스탠더드 오일이 유일하다. 제너럴 모터스(GM), 마이크로소프트(MS)가 연방 정부와 반독점 소송을 벌이긴 했지만, 회사가 분사되지는 않았다. 스탠더드 오일과 가장 가까운 사례는 100 년 가까이 미국 통신 분야를 독점했던 미국전화전신회사다. 전화를 발명한 알렉산더 그레이엄 벨이 1885 년 설립한 미국전화전신회사는 자연독점 지위를 인정받아 막대한 이윤을 챙겼지만, 미국 법무부가 제기한 반독점 소송에서 1984 년 패배, 7 개 지역 전화회사로 분사됐다.[45] 스탠더드 오일에 대한 반독점 규제가 적절했는지를 두고는 지금도 갑론을박이 펼쳐진다. 스탠더드 오일은 독점 기업이 아니었으며, 혁신을 통해 다양한 정유 제품을 싼 가격에 내놓아 소비자의 선택을 받은 성공한 기업일 뿐이었다는 주장이 있다. 스탠더드 오일은 시장 경쟁에서 승리했을 뿐 "무역을 제한"하지 않았으므로 셔먼법을 어기지 않았다는 주장이다. 스탠더드 오일의 등장으로 생산성이 떨어지는 비효율적인 기업들이 경쟁의 원리에 따라 자연스럽게 도태될 수 있었다는 생각은 사실 셔먼법에 찬성한 의원들 사이에서도 엿볼 수 있었다.[46]

스탠더드 오일의 시장 점유율이 꾸준히 낮아지던 추세에 주목하는 경제사가들도 있다. 1880년대엔 시장 점유율이 90%를 넘기도 했지만, 대법원판결로 회사가 분사되던 때는 점유율이 60% 초반대로 낮아졌다는 것이다. 그만큼 경쟁 업체들이 조금씩 자리를 잡아가고 있다는 뜻이기도 한데, 스탠더드 오일이 진입장벽을 세웠다면 점유율이 이렇게 낮아지지 않았을 테니, 스탠더드 오일을 불공정 경쟁의 원흉으로 몰아세워선 안 된다고 이들은 주장한다. 그러나 스탠더드 오일의 셔먼법 위반 혐의를 인정한 대법원은 경쟁 업체의 시장 점유율이 높아진 원인으로 석유 시장 자체가 급속도로 커진 점을 꼽았다. 신생 경쟁 업체들이 새로 생겨나는 시장에선 점유율을 확보했지만, 동북부를 비롯한 기존 시장에선 스탠더드 오일이 여전히 80% 안팎을 좌우하는 독점 기업의 지위를 공고히 유지하고 있었다.

- **시카고 학파**

20세기 초 대법원은 스탠더드 오일을 왜 독점 기업으로 분류했을까? 셔먼법과 클레이튼법이 제정된 당시 반독점 규제 당국은 시장의 구조, 경쟁 질서, 기업이 시장 전반에 미치는 영향력을 두루 고려했다. 소비자가 지불하는 가격도 중요했지만, 기존 대기업들이 진입장벽을 쌓아 경쟁 업체의 진입을 막거나 담합하지 않는지를 꼼꼼히 살폈다. 멀쩡한 기업들이 부당한 경쟁에 내몰려 파산하거나 시장에서 퇴출당하지는 않는지도 규제 당국의 관심사였다. 당국은 시장의 경쟁 질서를 관리하는 데 무척 신경을 썼다. 대법원이 스탠더드 오일을 소유한 신탁을 독점으로 본 이유도 스탠더드 오일이 시장 전반을 좌지우지하는 힘을 이용해 진입장벽을 쌓고 불공정 경쟁을 벌였기 때문이었다. 시장 구조를 살펴 독점 여부를 판단하던 규제 기조는 20세기 중반까지 이어졌다. 그러다 1970년대 등장한 시카고 학파는 반독점 규제의 패러다임을 근본적으로 바꿔놓았다.

큰 빵집이 작은 빵집을 마구 사들이게 놔두면 독점 기업이 생겨날 것이다. 빵집끼리 합병하는 걸 수평적 합병이라고 하는데, 수평적 합병은 오늘날도 엄연한 규제 대상이다. 반면에 빵집이 다른 빵집 대신 (빵의 주원료인) 밀가루 공장을 사는 경우를 수직적 합병이라고 부른다. 미국에선 1960년대까지만 해도 수직적 합병을 수평적 합병 못지않게 강력히 규제했다. 빵집이 밀가루 공장을 사들인 다음 우리 집에는 좋은 밀가루를 싸게, 반대로 경쟁 빵집에는 질 나쁜 밀가루를 비싼 값에 공급할 수 있기 때문이다. 이런 이해관계 충돌을 방치하면 경쟁 질서가 흐트러지고 불공정 경쟁이 발생할 수 있으므로, 수직적 합병도 규제 당국이 항상 감독하고 필요하면 강력히 규제했다. 단순히 소비자가 지불하는 가격만 본 게 아니라 전반적인 시장 구조를 봤기에 가능했던 일이다.

그런데 1970년대 등장한 시카고 학파는 시장의 구조를 바탕으로 독점 여부를 가리는 패러다임을 근본적으로 반박하고 나섰다. 그 핵심에 있는 인물은 미국에서 가장 영향력 있는 판사이자 법학자 중 한 명인 리처드 포즈너(Richard Posner)였다.[47] 시카고 학파는 경제학에서도 가격 이론(price theory)으로 유명하다. 가격 이론은 시장에서 가격이란 생산자의 의도, 생산 과정을 모두 반영해서 정해지므로 효율적인 시장이라면 다른 지표들을 굳이 볼 필요 없이 가격만 보면 시장에 어떻게 운영되고 있는지 다 알 수 있다고 설명한다. 포즈너를 비롯한 시카고 대학교의 법학자들은 가격 이론을 바탕으로 독점을 가려내야 한다고 주장했다. 시장 구조나 수직적 합병, 불공정 경쟁 여부 등은 일일이 들여다볼 필요가 없다. 만약 그런 비효율이 발생했다면 이는 이미 가격에 다 반영돼 있을 테니, 가격만 보면 된다는 것이었다. 예를 들어 잘나가는 빵집이 밀가루 공장을 전부 사들여 시장의 모든 빵집이 의존하는 밀가루 공급을 한곳에서 독점하게 되면 어떻게 될까? 당연히 공급 독점자는 가격을 마음대로 정할 수 있으므로, 비싼 값을 부를 것이다. 밀가루를 구할 다른 방법을 찾지 못한 빵집들은 울며 겨자 먹기로 비싼 값에 밀가루를 사들이고, 비용을 보전하려면 소비자가격을 올려 받을 수밖에 없게 된다. 경쟁 업체를 고사시킨 독점 기업은 경쟁자가 사라지고 나면 또한 소비자에게 가격을 올려 받을 것이다. 그렇다면 규제 당국은 괜히 시장 구조나 경쟁 과정을 감독하지 않아도 된다. 가만히 기다리고 있다가 최종 가격만 따져봐도 독점을 가려낼 수 있기 때문이다. 적정 시장 가격보다 더 비싼 값을 받는 기업만 규제하면 된다.

시카고 학파는 기본적으로 효율 시장 가설을 전제한다. 효율 시장 가설에 따르면 시장은 효율적인 제도다. 시장에는 이윤을 극대화하려는 합리적인 행위자들로 가득하고, 이 사람들은 돈을 벌기 위해 가장 효율적인 방식으로 생산 요소를 투입한다. 효율이 떨어지면 곧바로 경쟁에서 밀려서 도태된다. 그래서 지금 시장에 존재하는 상품, 서비스는 그 치열한 경쟁을 뚫고 살아남은 가장 효율적인 상품과 서비스다. 정부가 인위적으로 이 구조를 바꾸려고 하면 바로 그 순간, 거기서 비효율성이 발생하고 시장은 왜곡된다. 정부는 가격을 기준으로 독점을 규제하는 선에서 개입을 최소화해야 한다는 게 시카고 학파의 기본적인 관점이자 철칙이었다.

효율 시장 가설을 토대로 가격 이외의 것을 볼 필요가 없다고 주장한 시카고 학파가 득세하면서 미국의 반독점 규제 패러다임도 여러 가지가 바뀌었다. 우선 진입장벽에 대한 규제도 매우 느슨해졌다. 시장이 얼마나 경쟁적인지 가늠할 때 진입장벽의 유무를 보는 것은 굉장히 중요하다. 진입장벽이 높으면 잠재력 있는 경쟁 기업이 시장에 들어올 수 없어서 기존 업체는 혁신을 소홀히 하고 지대만 추구해도 살아남을 수 있다. 반대로 진입장벽이 낮아야 실질적인 경쟁이 보장된다. 이론적으로는 누구나 다 아는 이야기인데, 중요한 건 눈에 보이지 않는 진입장벽을 어떻게 규정하고 규제할 것이냐다. 진입장벽은 시장 제도를 규제하고 관리하는 정책의 영역이다. 20세기 중반까지 미국 규제 당국은 이미 시장에 있는 기업의 존재 자체가 새로운 기업의 시장 진입에 부담을 주고 비용을 발생시킨다면 이를 진입장벽으로 봤다. 물론 진입장벽이 전부 다 규제 대상이었던 건 아니고, 진입장벽을 쌓았다고 곧바로 반독점법을 위반하는 것도 아니었다. 다만 기존 기업이 경쟁자의 등장을 직접적으로 방해하거나 경쟁 업체를 실제로 위협하지 않더라도 기존 기업이 누리는 혜택을 당연한 것으로 가정하지 않았다.

반면 시카고 학파는 진입장벽의 범주를 매우 좁게 해석했다. 시장의 모든 기업이 치열한 경쟁에 노출돼 있다는 효율 시장 가설이 여기서도 근거를 제공했는데, 기존 기업들이 누리는 혜택을 무조건 다 진입장벽으로 볼 수는 없다고 주장한 것이다. 예를 들어 빵집이 밀가루 공장을 너무 많이 가지고 있어서 제빵업계 전반에 밀가루 수급이 차질을 빚을 것으로 우려되는 수준이라면 과거에는 이를 새 빵집의 등장을 제약하는 진입장벽으로 보고 밀가루 공장을 소유한 기존 빵집에 불공정 경쟁 행위를 중단하라는 명령과 함께 제재를 가했다.

시카고 학파의 주장에 따르면, 가장 효율적인 기업만 살아남고 그렇지 않은 기업은 이미 시장 논리에 따라 도태되고 파산했어야 정상이다. 경쟁을 뚫고 살아남은 기업이 번창하는 이유는 부당한 진입장벽을 쌓아서가 아니라 그 기업이 그만큼 효율적이고 경쟁력이 높기 때문이다. 혁신과 성공을 장려하고 찬사를 보내지는 못할망정 정부가 갑자기 여기에 끼어들어서 규제하고 정상적인 기업 행위를 막아버리는 건 시카고 학파 관점에서 봤을 때 잘못된 일이다. 단지 기존 기업이 돈을 잘 번다고 독점 기업이라고 의심해서도 안 된다.

시카고 학파가 강조한 가격은 소비자 효용(consumer welfare)의 개념으로 구체화됐다. 소비자는 시장에서 제품이나 서비스를 살 때 가격에 따라 돈을 지불하고 그 대가로 효용을 얻는데 가격이 왜곡돼 있다면 소비자가 얻는 효용도 줄어들 수밖에 없으므로, 가격만 엄격히 감독하면 독점을 비롯한 모든 시장 질서 왜곡을 규제할 수 있다고 본 것이다. 이런 패러다임 변화에 가장 중요한 역할을 한 또 다른 사람은 시카고 로스쿨 출신 법률가 로버트 보크(Robert Bork)였다. 보크는 "반독점의 역설(The Antitrust Paradox)"이라는 책에서 시카고 학파가 주장하는 반독점 패러다임을 체계적으로 정립했다.[4849] 미국 연방 대법원이 1979년 반독점 관련 판결을 내리면서 보크의 책에 담긴 주장을 인용했는데, 이후 시카고 학파의 주장은 미국 정부의 반독점 정책 전반에 큰 영향을 미치기 시작했다.[50] 성문법 전통을 따르는 유럽 대륙과 달리 영미권 사법 체계는 판례가 구속력을 지니는 판례 중심주의를 따른다. 미국 대법원의 중요한 역할 중 하나가 법의 의도(legislative intent)를 변화하는 시대에 맞춰 다시 해석하는 일이다. 대법원은 20세기 중반 이후 시카고 학파의 새로운 주장, 관점을 받아들여 1890년 제정된 셔먼법의 의도를 소비자 효용을 지키는 데 있다고 다시 해석했다. 그때부터 독점 여부를 가리는 데 규제 당국이 개입하는 기준으로 소비자 효용이 결정적인 역할을 하게 됐다.

1980년 선거에서 당선된 레이건 대통령은 로버트 보크를 좋아했다.[51] 1982년 레이건 행정부가 발행한 일종의 정부 지침서인 인수·합병 평가안은 시카고 학파의 주장이 대거 반영됐는데, 1968년의 평가안과 비교해 보면 확연히 차이가 난다. 예를 들어 혁신을 가로막는 일 등 가격 외에 다양한 요소를 보고 독점을 판단해야 한다고 명시한 조항은 1982년 평가안에는 대부분 빠졌다. 대신 1982년 평가안에는 가격을 비롯해 쉽게 측정할 수 있는 요소만으로 적절한 인수·합병 여부를 평가하면 된다고 명시됐다.

시카고 학파가 바꾼 반독점 규제 패러다임을 이해하는 두 열쇳말은 약탈적 가격정책과 수직적 합병이다.

약탈적 가격정책(predatory pricing)
약탈적 가격정책은 독점 기업이 취하는 불공정 경쟁 전략의 대표적인 사례로 여겨졌다. 20세기 초 미국 법무부가 스탠더드 오일을 독점 기업으로 지목하고 분할할 때 결정적인 근거로 꼽은 것도 약탈적 가격정책이었다. 즉 스탠더드 오일이 경쟁 업체를 고사시키거나 시장에서 몰아내고자 할 때 제품 가격을 생산 원가보다도 낮게 책정해 경쟁 질서를 일부러 왜곡했다고 지적한 것이다. 그런데 1967년에 나온 대법원의 판결 한 건이 시카고 학파에게 새로운 주장을 펼 좋은 구실을 주고 말았다. 유타 파이(Utah Pie) 대 콘티넨털 베이킹(Continental Baking)이라는 두 제빵 회사 사이에 벌어진 분쟁이 대법원까지 간 건데, 이른바 유타 파이 판결로 불리는 이 사건은 미국 반독점 역사에서 매우 중요한 사건으로 남아있다.[52]
유타 파이는 유타주 주도인 솔트레이크시티를 거점으로 냉동식품 파이를 만들어 팔던 기업이다. 솔트레이크시티 근처에 공장을 비롯한 공급망을 갖춰놓은 덕분에 솔트레이크시티 시장에선 높은 점유율을 기록하며 성업 중이었다. 냉동, 물류 등 인프라가 지금처럼 갖춰지지 않았던

1960년대에 지리적 접근성이 좋다는 건 무시할 수 없는 요인이었다. 유타 파이 제품은 솔트레이크시티 시장에서 경쟁사 제품보다 쌀 수밖에 없었다. 이때 컨티넨털 베이킹이라는 회사가 도전장을 내민다. 솔트레이크시티에서 시장 점유율을 높이려면 유타 파이의 점유율을 빼앗아와야 했던 컨티넨털 베이킹은 출혈을 감수하며 시장 가격보다 싼 값에 파이를 팔기 시작했다. 유타 파이는 이를 불공정 경쟁이라며 소송을 걸었다. 법정 공방 끝에 대법원은 유타 파이의 손을 들어줬다. 컨티넨털이 시장 가격보다 싸게 파이를 파는 건 시장의 경쟁 질서를 흐트러뜨리는 불공정 행위라고 판결한 것이다.

문제는 컨티넨털 베이킹이 솔트레이크시티 시장에 진출하기 전 무려 65.5%에 달했던 유타 파이의 시장 점유율이 컨티넨털 베이킹의 시장 진출 이후 45%까지 내려간 데 있었다. 사실상 독점 기업이던 유타 파이의 시장 점유율이 내려간 이유는 간단했다. 컨티넨털 베이킹이 등장하면서 실질적인 경쟁이 벌어졌기 때문이다. 그런데 대법원은 실질적인 경쟁을 불러온 컨티넨털 베이킹의 가격 인하를 시장 질서 교란 행위로 봤다. 시카고 학파가 곧바로 이 점을 문제 삼았다. 약탈적 가격정책 덕분에 시장의 경쟁이 오히려 촉진됐는데, 대법원이 반독점법을 엉뚱하게 적용하는 바람에 결과적으로 유타 파이의 독점적 지위를 보전해주고 말았다는 것이다. 반독점법이 독점 기업을 살려줬다는 시카고 학파의 비판은 언론과 학계를 강타했다.

약탈적 가격정책이라고 반드시 경쟁을 해치는 불공정 행위인 것은 아니다. 기존의 독점 기업이 신생 기업의 시장 진출을 막기 위해 가격을 후려치면 너무 낮은 가격이 진입장벽 역할을 해서 문제다. 그러나 후발 주자 또는 경쟁에 뛰어드는 기업이 어느 정도 출혈 경쟁을 각오하고 가격을 낮추는 것까지 단속하고 규제하다 보면 진입장벽을 오히려 단단히 해주는 결과가 생길 수 있다. 유타 파이와 컨티넨털 베이킹의 사례는 가격을 낮춘 쪽이 독점 기업이 아니었다는 점만 고려하더라도 반독점법을 경직되게 적용할 사안이 아니었다.

시카고 학파는 유타 파이 판결에서 발생한 오류를 빌미 삼아 반독점법 전반을 문제 삼기 시작했다. 셔먼법 이후 20세기 중반까지 계속된 반독점 규제 기조 자체가 잘못됐다며, 약탈적 가격정책이 아니라 소비자 효용을 기준으로 독점 여부를 판단했다면 대법원이 이런 실수를 했을 리 없다고 주장했다. 정확히 파악하기 어려운 시장 구조나 가격정책을 계속 들여다보다가는 규제 당국이 언제든 또 이런 실수를 하게 될 거라는 시카고 학파의 주장은 널리 받아들여졌다. 그 결과 1970년대부터 연방거래위원회의 반독점 조사, 소송 건수가 줄어드는 등 규제 당국이 위축되기에 이르렀다.

수직적 합병(vertical integration)

두 번째 열쇳말은 수직적 합병이다. 시카고 학파는 수평적 합병과 수직적 합병이 엄밀히 다르다며, 이 둘에 대한 규제도 달라야 한다고 주장했다. 빵집이 다른 빵집을 사들이는 수평적 합병은 독점 기업에 권력을 집중시킬 소지가 있으므로 규제해야 한다고 인정했지만, 빵집이 밀가루 공장을 사들이는 수직적 합병은 오히려 경쟁을 촉진할 수 있는 행위가 될 수 있다고 시카고 학파는 주장했다. 생산 공정에서 효율성을 높일 수 있기 때문이다.

미국 정부가 수직적 합병을 규제한 이유는 분명했다. 빵집이 밀가루 공장을 사들이면 경쟁 빵집에 질 나쁜 밀가루를 공급할 수 있기 때문이다. 그러나 시카고 학파는 1950년대부터 이런 생각에 줄기차게 의문을 제기했다. 시카고 학파는 빵집이 직접 밀가루를 생산하는 공장을 소유, 운영하게 되면 생산 공정에 필요한 의사결정이 모두 한 회사 안에서 일어나게 되므로 생산의 효율성이 높아질 수 있다는 점에 더 주목했다.

효율성이 늘어나면 시장 경쟁도 치열해진다. 수직적 합병을 통해 기업이 효율성을 제고할 수 있는 길을 정부가 막는다면 이는 곧 정부가 경쟁을 억제하는 셈이 된다. 경쟁이 줄어들면 효율성이 떨어지는 기업도 도태될 걱정을 하지 않아도 된다. 그래서 시카고 학파는 수직적 합병을 오히려 장려해서 시장의 효율성을 높여야 한다고 주장했다.

이 주장은 오랫동안 소수의견에 머물렀지만, 1980년대 레이건 행정부가 들어서면서 반독점 규제 기조의 핵심으로 자리매김했다. 1982년 법무부 반독점국, 1984년 연방거래위원회가 펴낸 기업 인수·합병 가이드라인을 보면, 수직적 합병은 규제 당국의 심사를 거의 받지 않게 규정이 바뀌었다. 페이스북이 인스타그램과 왓츠앱을 사들인 것도 많은 사람은 상식적으로 동종 업계의 (잠재적) 경쟁 업체를 사들인 수평적 합병이라고 생각하지만, 페이스북은 둘 사이의 차이점을 집중적으로 부각해 수직적 합병으로 포장하고 규제 당국의 엄격한 심사를 피할 수 있었다.

수직적 합병에 대한 규제를 완화한 건 레이건 행정부였지만, 이후 들어선 민주당 행정부들도 규제 기조를 다시 바꾸지 않았다. 예를 들어 통신회사 컴캐스트가 NBC 방송국을 인수한 건 2009년 12월의 일이었다. 당시 합병은 민주당 오바마 행정부의 최종 승인이 필요했는데, 규제 당국은 통신 회사의 방송국 인수를 수직적 합병으로 보고 시장 효율성을 높일 수 있는 결정이라며 승인해줬다. 인터넷에서 스포츠 경기나 콘서트 티켓을 예매할 수 있는 서비스인 티켓마스터(ticketmaster)가 비슷한 예매 서비스인 라이브 네이션(live nation)과 합병할 때도 규제 당국은 이를 완전한 수평적 합병으로 보지 않고, 크게 까다로운 조건 없이 두 회사의 합병을 승인했다.

4. 리나 칸과 "아마존의 반독점 역설"

리나 칸 위원장은 반독점 규제 당국이 '초심'으로 돌아가야 한다고 주장한다. 즉 시카고 학파가 주창해 1980년대부터 본격적으로 굳어진 지금의 반독점 규제 패러다임을 시카고 학파 이전으로, 셔먼법과 클레이튼법이 제정됐을 때로 되돌려 놓아야 한다는 것이다. 가격으로 치환한 좁은 의미의 소비자 효용만으로 독점 여부를 판단해서는 안 되고, 시장 구조와 권력 배분, 경쟁 기준과 질서를 두루 살피는 것이 반독점 규제를 처음 만든 이들의 생각에 부합하는 일이라고 리나 칸 위원장은 말한다.

리나 칸 위원장은 소비자 효용을 제품이나 서비스를 싼값에 사는 데서 오는 효용으로 국한하지 않는다. 그것도 물론 소비자가 좋아할 일이지만, 질 좋은 제품과 다양한 서비스를 누리는 것, 기술 혁신을 소비자가 얼마나 경험할 수 있는지 등도 모두 소비자 효용과 직결되는 사안이다. 그래서 반독점 정책의 목표도 좁은 의미에서 소비자가격을 낮추는 데 그쳐서는 안 된다. 그보다 더욱 경쟁적인 시장 구조가 갖춰지도록 제도적으로 지원하고 정부는 필요하면 공정한 심판이 되도록 노력해야 한다. 시장 경쟁이 활발해져야 궁극적으로 다양한 측면에서 소비자 효용이 높아지기 때문이다. 1890년 미국 의회가 셔먼법을 제정한 궁극적인 목표는 소비자가 치르는 가격을 낮추는 데 있지 않았다. 시장의 질서를 뒤흔들 만큼 너무 커진 신탁의 압도적인 권력을 제약하기 위해 셔먼법을 만들었다.

리나 칸 위원장은 이렇게 시카고 학파의 주장을 기본적인 전제와 철학적인 측면에서부터 공략했다. 한 기업에 시장의 권력이 집중되면 기업은 정치 권력과 결탁하거나 스스로 정치 권력이 되어버린다. 실제로 기업들의 로비 데이터를 보면 페이스북은 2019년 한 해에만 로비에 2,000만 달러, 아마존은 800만 달러를 썼다. 이는 시민의 자유 관점에서도 우려스러운 일이다. 치열한 경쟁이 계속 일어나는 개방적인 경제 구조를 유지해야 경제 권력이 독점 기업이나 극소수 대기업에 몰리는 걸 막을 수 있다.

미국에서는 1950년대까지만 하더라도 시장에서 특정 기업이 권력을 독점하는 것은 공익에 해가 된다는 인식이 상식으로 통했다. 시카고 학파의 등장도 영향을 미쳤지만, 인식이 바뀐 결정적인 계기는 1970년대 들어 잦아진 인플레이션이었다. 물가가 과거보다 너무 빠르게 올랐고, 스태그플레이션 문제까지 대두되자 랄프 네이더 같은 소비자 운동가들도 소비자들의 주머니 부담에 신경을 쓰게 됐다. 이들은 반독점 규제 당국이 정책 목표를 소비자의 물가 부담을 덜어주는 데 맞춰야 한다는 주장을 받아들였다.

리나 칸 위원장은 1970년대 이후 물가나 소비자가격에만 온통 신경을 쏟게 된 지금의 패러다임보다 그 전의 패러다임, 즉 시장 구조를 두루 살피던 반독점 규제 기조가 원래 미국의 가치관과 철학에도 더 부합한다고 말한다. 미국은 정치에서 군주의 전횡을 막고자 삼권분립을 토대로 공화정을 채택한 나라다. 견제와 균형이 건국 이념을 실천에 옮기는 데 필요한 계율이라면, 이를 정치 제도뿐 아니라 다른 모든 분야에도

적용해야 한다. 이를 경제 제도에 적용한 것이 셔먼법을
비롯한 일련의 반독점법이었고, 그래서 반독점 규제의
궁극적인 목표도 시장의 권력이 한곳에 집중되지 않도록 하는
데 있다고 리나 칸 위원장은 지적한다.

또한, 가격만 들여다보는 좁은 프레임을 벗어 던지고 시장
구조와 경쟁 질서를 두루 살펴야만 디지털 시대에 새로 등장한
플랫폼 기업의 독점 행위를 제대로 감독하고 규제할 수 있다.
플랫폼 경제의 특징을 이야기하며 리나 칸 위원장은 아마존을
대표적인 사례로 꼽았다. 논문은 아마존이 어떻게 시장 전반을
장악하고 통제하는 압도적인 권력을 지닌 플랫폼이 됐는지를
성장 과정부터 자세히 훑는다.

먼저 "아마존의 반독점 역설" 논문의 초록을 번역했다.

—

아마존은 21세기 상업 시장에서 가장 큰 거인이다. 처음엔
소매업 분야의 온라인 서점으로 시작한 아마존이 이제는
마케팅 플랫폼이자 물류, 배송 네트워크, 결제 서비스, 신용
대출, 경매, 출판, TV 쇼와 영화 제작, 패션 디자인, 하드웨어
제조, 여기에 가장 큰 클라우드 컴퓨팅 서버 운영까지 모두
맡아 하고 있다. 아마존은 지금껏 눈부신 속도로 성장했지만,
이윤은 거의 내지 않았다. 가격을 정할 수 있는 위치에
있으면서도 서비스와 상품 가격을 비용보다도 낮게 책정하는
약탈적 가격정책을 고수했다. 그 대가로 아마존은 진출하는
분야마다 업계를 장악할 만큼 빠르게 성장했다. 이런 전략을
통해 아마존은 이커머스의 중심이 되었고, 이제 다른 산업

분야에서도 필수적인 인프라를 제공하는 위치에 올랐다. 그 분야에서 경쟁하는 기업이라면 누구든 아마존에 의존할 수밖에 없게 됐다. 아마존의 기업 구조와 사업 전략 곳곳에는 경쟁을 저해하는 행위, 즉 반독점 혐의가 우려되는 부분이 많다. 그러나 지금까지 아마존은 무사히 반독점의 법망을 피해왔다. 이 글은 현재 우리의 반독점 패러다임으로는 오늘날 경제에서 시장의 권력이 누구 손에 있는가, 그래서 어디를 어떻게 규제해야 하는가를 정확히 파악할 수 없다는 문제의식에서 출발한다. 특히 독과점 공급자가 설정한 가격이 단기적으로 소비자에게 미치는 영향을 "소비자 효용(consumer welfare)"이라는 좁은 개념에만 입각해 경쟁 여부를 판단하고 반독점 규제를 적용하면, 큰 그림을 놓치기 쉽다. 단순히 가격 측면에서만 경쟁과 독점 여부를 판단하면, 아마존이 끝없는 팽창을 통해 이룩한 독점적 지위를 활용해 어떻게 경쟁을 막고 시장 질서를 왜곡하는지 알아차리기 어렵다. 특히 현재의 규제 패러다임은 약탈적 가격정책이나 서로 다른 분야에 걸쳐 사업을 통합, 합병하는 식의 확장이 어떻게 경쟁을 저해하는지 제대로 잡아내지 못한다.

시장경제의 수많은 부문이 온라인 플랫폼으로 옮겨오면서 제대로 된 반독점 규제 패러다임의 부재는 크게 두 가지 문제를 드러냈다.

첫째, 플랫폼 경제에서 기업은 당장 이윤을 내기보다 끝없이 외연을 넓혀 성장하는 편이 낫다. 주주와 투자자들도 그 편이 장기적으로 더 큰 수익을 보장해주는 걸 알다 보니, 기업에 계속해서 시장 점유율을 높이고 가능하면 그 서비스를 제공하는 유일한 플랫폼, 독점적 공급자가 되라고 주문한다.
이때 합리적으로 사고하는 기업은 자연히 약탈적 가격정책을
편다. 문제는 지금의 규제 패러다임이 약탈적 가격정책을
비합리적인 선택으로 취급해 고려조차 하지 않는 데 있다.
독점 공급자가 되면 가격을 올려 독점 이윤을 취하는 게
당연하다고 가정하는 지금의 패러다임은 약탈적 가격정책을
전혀 예상하지 못한다.

둘째, 플랫폼 경제에선 온라인 플랫폼이 소비자와 판매자를
이어주는 핵심적인 중개인 역할을 한다. 그런데 이렇게 시장의
인프라를 제공하는 플랫폼이 직접 사업체나 서비스를
인수·합병해 경쟁에 뛰어들면, 플랫폼의 경쟁사들은 울며
겨자먹기로 플랫폼에 의존할 수밖에 없다. 인프라를
제공한다는 건 인프라를 이용하는 기업의 각종 정보를
자연스레 모을 수 있다는 뜻이다. 플랫폼이 경쟁사의 정보를
자회사에게 제공한다면 그 자회사는 자연히 불공정한 경쟁
우위를 갖게 된다.

이 글은 시장을 지배하고 있는 아마존의 다양한 측면을
살폈다. 글을 통해 아마존의 사업전략, 특히 아마존의 구조와
행위가 어떻게 경쟁을 가로막거나 우회했는지, 또 현재 우리의
규제 패러다임이 왜 이를 미리 파악하고 제재하지 못했는지
확인할 수 있다.

마지막으로 지나치게 커진 아마존의 권력을 어떻게 제한할 수
있을지 두 가지 방안을 제시했다. 하나는 전통적인 반독점,
경쟁 촉진 정책을 통해 규제하는 방안이고, 또 다른 하나는
아마존에 과거 공유 운송사업자로서의 철도(common carrier

railroad)에 지웠던 의무를 마찬가지로 지우는 것이다. (철도 회사는 자신의 이해관계가 얽힌 석탄은 운송할 수 없었다. 당시 의회가 반독점 규제를 세울 때 가장 신경 쓴 부분이 바로 철도 독점 자본이 석탄까지 장악하는 걸 막기 위한 것이었다.) —

왜 아마존인가?

본격적으로 논문을 살펴보기 전에 리나 칸 위원장이 플랫폼 경제의 대표적인 독점 사례로 아마존을 고른 이유를 살펴보자. 논문보다도 논문으로 유명해진 뒤 진행한 대담들에서 단서를 찾을 수 있는데, 그 가운데 2019년에 아스펜 인스티튜트에 초대받아 당시 와이어드(WIRED)의 니콜라스 톰슨 편집장과 나눈 대담을 참조했다.[53]

리나 칸 위원장은 2011년 대학 학부를 졸업한 뒤 뉴 아메리카(New America)라는 진보 성향 싱크탱크에서 일했다.[54] 이때 집중화(consolidation) 문제에 관한 자료를 찾아보게 되고, 특히 경제 권력이 극단적으로 한곳에 몰리면 나타나는 효과와 부작용을 연구했다. 미국 경제사에서 이런 현상은 산업을 불문하고 꾸준히, 틈만 나면 진행됐는데, 리나 칸은 이 부정적인 효과가 구체적으로 어디에, 어떻게 미치는지 들여다봤다. 극단적인 권력의 집중화, 즉 산업 부문이 독점화되면 소비자, 노동자, 기업가들이 모두 부정적인 영향을 받았다. 정치 권력의 분립이 미국 헌법을 뒷받침하는 건국 정신이라면, 경제 권력의 분립도 마찬가지로 중요하게 다뤄져야 했다. 그러나 이를 구현하는 데 필요한 반독점법은 제 역할을 못 하고 있었다. 리나 칸은 아마존 플랫폼에서 물건을 파는 판매상과 아마존에 투자한 투자자들의 행태를 분석했다. 그 결과 독점 가격을 행사하느냐만 지켜보는 규제 당국은 경제 권력이 지나치게 한곳에 집중됨으로써 나타나는 문제를 전혀 간파하지 못한다는 결론에 이르렀다.

아마존의 성장 전략

인터넷 서점으로 시작한 아마존은 어떻게 오늘날 온라인 거래의 인프라를 제공하는 거대 플랫폼이자 핵심 거래 파트너로 성장할 수 있었을까? 이에 관해 짧게 답하기란 무척 어려운 일이다. 리나 칸 위원장은 우선 초기 아마존이 성장하는 과정에서 결정적인 역할을 한 전략으로 두 가지를 꼽았다. 손실(적자)을 두려워하지 않고 계속해서 장기적인 성장과 확장에 초점을 맞추는 게 하나였고, 다른 하나는 매우 다양한 사업에 과감하게 진출했다는 점이다. 시장의 경쟁 질서를 왜곡할 소지가 있는 부분에 대해선 규제 당국이 적절히 개입해야 했지만, 안타깝게도 시카고 학파가 구축한 패러다임에 갇힌 미국 규제 당국은 아마존이 강력한 독점 기업이 되는 걸 막지 못했다.

- **적자가 아무리 늘어나도 괜찮아. (시장의 인프라를 제공할 수만 있다면!)**

시카고 학파는 소비자가격만 보면 독점 기업을 가려낼 수 있다고 주장했다. 기업을 포함해 시장에서 경쟁하는 모든 행위자는 이윤을 최대로 늘리려는 합리적인 행위자인데,

경쟁자가 없는 독점 기업이 되면 물건이나 서비스 가격을
올리지 않을 리가 없다고 시카고 학파는 가정했다. 그런데
아마존은 오히려 정반대로 10년 넘게 적자를 감수하며 가격을
매우 낮게 책정했다. 시카고 학파의 효율 시장 가설이 디지털
시대 플랫폼 경제에 맞춘 아마존의 전략을 전혀 예측하지 못한
셈이다.

아마존은 무슨 수로 10년 넘게 적자를 감수했을까? 실제
아마존은 창업 후 10년 동안 이윤(profit)을 거의 내지 않았다.
내지 못했다기보다 않았다고 표현해야 정확한데, 매출은 매년
빠르게 늘어났지만, 늘어난 매출만큼 이윤을 회수하지 않았기
때문이다. 고객을 확보하고 매출이 오르면 적당한 시점에
가격을 올려서 이윤을 냄으로써 그동안 기록한 적자를
메우리라 생각한 사람들이라면 무척 당황했을지 모른다.

FIGURE 1.
AMAZON'S PRICES[194]

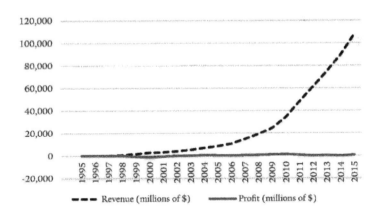

표를 보면 명확히 나타난다. 아마존의 매출은 특히 2005년 이후 급격히 늘어났지만, 이윤은 2015년까지 계속 0에 가깝다.[55] 그러나 아마존 실적 발표에서 적자 폭이 크면 클수록 투자자들은 환호했고, 아마존 주가도 더 많이 올랐다. 그 덕분에 아마존도 계속 적자를 충분히 감수할 수 있었다. 몇 년째 적자를 내는 기업에 투자자들은 사업 자금을 쉼 없이 대줬다.

얼핏 이해하기 힘든 이런 현상의 원인을 우리는 제프 베조스가 1998년 3월 30일 주주들에게 처음 보낸 편지에서 찾을 수 있다.[56] 편지에는 이런 말이 나온다.

"아래 "가장 중요한 건 장기적인 비전(It's All About the Long Term)"이라는 제목을 단 부분을 꼼꼼히 읽어주시기를 당부드립니다. 두 번 세 번 찬찬히 읽어보시고 나면 우리 회사에 꼭 투자하고 싶어질 겁니다."

해당 섹션의 내용을 요약하면 이렇다.

"아마존은 장기적인 성장에 집중하고, 시장을 선도하는 기업이 되는 걸 최우선 목표로 한다. 단기적인 이윤에 집착하기보다는 끊임없이 장기적인 관점에서 성장하며 더 많은 고객에게 서비스를 제공하는 것이 아마존의 목표다."

이를 다시 풀어보면, 단기적인 이윤을 꼬박꼬박 챙기기보다 시장이 굴러가는 데 필요한 인프라를 제공할 만큼 강력한 영향력을 끼칠 때까지 계속 사업을 확장하고 성장하는 데만 집중하겠다는 것이다. 시장을 선도하는 기업이란 시장의 기업들이 서로 경쟁하는 규칙과 기준까지 좌지우지할 수 있는 핵심 거래 파트너를 뜻한다.

베조스는 투자자들과의 약속을 철저히, 성공적으로 지켰다. 아마존은 전자상거래 분야의 모든 기업과 생산자, 소비자가 의존하지 않을 수 없는 플랫폼으로 성장했고, 처음 10 여 년 적자를 감내했던 투자자들은 그보다 수십, 수백 배에 이르는 만족스러운 수익을 거뒀다.

아마존의 성장에 결정적인 역할을 한 서비스가 바로 아마존 프라임이다. 쿠팡의 와우 멤버십, 마켓컬리의 컬리 러버스 회원제와 비슷한 서비스다. 땅이 워낙 넓어 물류·배송 체계가 잘 잡혀있지 않던 미국에서 아마존 프라임은 "대부분 상품을 이틀 안에 추가 배송비 없이 무료로 배송해주는", 2005 년 도입 당시에는 말 그대로 혁명적인 서비스였다. 게다가 처음에는 프라임 회원이 내야 하는 연회비가 $79 로 지금보다 더 쌌다. 2014 년에 $99 로, 2018 년에 다시 $119 로 연회비를 올렸지만, 프라임 회원 수는 꾸준히 늘어 2016 년 6300 만 명, 코로나 19 로 이용자가 급증한 2020 년에는 마침내 2 억 명을 넘었다.[57]
프라임 회원은 회원이 아닌 이미존 일반 이용자보다 아마존에서 평균적으로 소비를 150% 더 많이 했다. 칸 위원장의 첫 번째 논문에 따르면, 아마존에서 물건 사는 사람 중 프라임 회원이 47%였다. 프라임 회원은 연평균 $1,500 를 소비해 연평균 $625 를 쓰는 비회원보다 아마존 플랫폼을 훨씬 더 자주, 많이 이용했다. 미국에서 온라인으로 물건을 살 때 내야 하는 배송비를 고려하면, 아마존 프라임 멤버십은 가입하지 않을 이유를 찾기 어려울 만큼 무척 싼 가격이다.

아마존이 지금의 거대 기업으로 성장한 데는 제프 베조스의 혁신적 아이디어와 실행력, 시장에 첫 발을 내디딘 선임자 효과(first mover advantage) 등이 복합적으로 작용했다. 그러나 잠재적 경쟁자들은 도저히 따라할 수 없던 프라임 멤버십 가격에서 볼 수 있듯 명백한 약탈적 가격정책을 쓴 점도 빼놓을 수 없다. 그런데 규제 당국은 약탈적 가격정책을 간파하지 못하고, 오히려 아마존을 치켜세우기 바빴다. 시카고 학파의 관점에 따르면 아마존 덕분에 수많은 제품과 서비스의 소비자가격이 싸졌으니, 아마존은 혁신을 통해 소비자 효용을 극대화한 훌륭한 기업이었다. 규제 당국이 약탈적 가격정책을 전혀 가로막지 않는 상황에서 적자를 감당할 수 있는 자금만 있다면 아마존은 빠르게 시장을 장악할 수 있었다. 자금 부분을 인내심 많은 주주, 투자자들이 해결해줬다. 사실 불과 10~15년 만에 수십, 수백 배의 이득이 돌아왔으니, 그리 대단한 인내심이 필요한 투자도 아니었다. 이들의 투자가 대박을 내는 데 독점 기업이 된 플랫폼에 어떻게 초반의 적자를 만회하고 이윤을 올릴지에 관한 메커니즘을 전혀 이해하지 못한 규제 당국이 간접적으로 기여한 셈이다.

- **다양한 사업 분야에 과감히 진출하라.**

아마존의 성장에 결정적인 역할을 한 두 번째 전략은 다른 사업 분야에 계속 새로 진출하는 것이었다. 베조스는 책뿐 아니라 온라인으로 거래할 수 있는 모든 걸 아마존을 통해 거래하는 세상을 향해 끊임없이 다른 기업을 사들이고 사업을 확장했다. 아마존의 사업 확장은 다른 전자상거래 플랫폼을

사들인 수평적 합병도 있었지만, 많은 경우 기존 사업 분야가
아닌 완전히 새로운 분야의 기업을 사들인 수직적 합병이었다.
앞서 살펴본 대로 시카고 학파는 수직적 합병을 시장에서
경쟁하고자 효율성을 높이려는 기업의 전략으로 이해했다.
수직적 합병에 대한 규제가 사실상 전무한 틈을 타 아마존은
디지털 플랫폼 경제 전반의 인프라를 통제하기에 이르렀다.
이제 아마존의 경쟁 업체들도 아마존이 제공하는 인프라에
기대지 않고는 사업을 할 수 없게 됐다.

아마존은 2016 년 기준 미국 전자상거래 시장의 46%를
점유하고 있었다. 아마존이 고용한 노동자는 2010 년에는 3 만
3700 명이었는데, 2016 년에는 26 만 8 천 명, 2021 년에는 45 만
명으로 급증했다.[58] 아마존이 온라인에서 파는 의류 매출만
2016 년 기준 11 억 달러였는데, 이는 같은 해 미국 6 대
백화점의 (온·오프라인) 전체 의류 매출을 합한 5 억 달러보다
두 배 이상 많은 수치였다.

적자를 감수하는 장기적인 성장 전략, 다양한 사업 분야에
과감히 진출하는 전략을 토대로 아마존은 어떻게 독점적인
지위에 올랐을까? 구체적인 사례 몇 가지를 통해 알아보자.

a. 전자책

리나 칸 위원장이 든 첫 번째 사례는 전자책 시장이다. 모두
알다시피 아마존은 인터넷 서점으로 사업을 시작한 회사다.
인터넷 서점 아마존은 '서점에 가지 않아도 책을 살 수 있다'는
개념을 함께 팔았는데, 자연스레 종이책 다음으로 취급한

제품은 전자책이었다. 아마존이 전자책을 발명했거나 전자책 시장을 개척한 건 아니다. 아직 작은 규모였지만, 출판사마다 전자책을 따로 발매하고 있었고 전자책 읽는 전용 태블릿 기기도 나오기 시작하던 때 아마존이 시장에 뛰어들었다. 아마존은 우선 주요 베스트셀러를 전자책으로 만들어 생산 비용보다도 낮은 아주 싼 값에 팔기 시작했다. 베스트셀러를 전자책으로 사면 종이책보다도 싸게 볼 수 있었다. 그러자 미국 정부는 이를 두고 혁신적인 기업 아마존이 또 한 번 좋은 일을 한다며 칭찬했다. 출혈 경쟁을 감수하며 경쟁 질서를 왜곡해 진입장벽을 쌓는 행위인지 살펴봤어야 정상이지만, 시카고 학파의 패러다임에 갇혀 있던 미국 규제 당국은 약탈적 가격정책이 반경쟁적인, 독점으로 이어질 소지가 있는 행위라는 점을 인식하지 못했다. 리나 칸 위원장은 이에 대해 연방거래위원회나 법무부 반독점국 관계자들이 디지털 경제와 온라인 시장에 대한 이해가 너무 모자랐다고 지적한다.

아마존은 전자책 시장에 진출하면서 전자책을 읽을 수 있는 태블릿 기기 킨들(Kindle)을 함께 팔았다. 당시 베스트셀러 책 한 권을 킨들에서는 $9.99에 살 수 있었다. 다른 회사들은 같은 책 종이책을 $12에 팔던 때였다. 아마존이 전자책 가격을 경쟁사보다 눈에 띄게 낮게 책정한 것이다. 결과는 금방 나타났다. 2007년에 킨들을 출시한 아마존이 불과 2년 만에 전자책 시장의 90%를 장악하게 된다. 전자책 시장이 종이책 시장과 비교하면 보잘것없이 작던 시절이지만, 아무리 그래도 그 분야에 새로 뛰어든 기업이 2년 만에 사실상 시장을 독점하자 기존 출판사들은 발등에 불이 떨어졌다.

출판사들은 아마존의 대항마로 애플을 선정했다. 애플은 아이북스토어(iBookStore)라는 전자책 서비스를 출시하며 킨들(아마존)과의 경쟁을 선언한다. 미국 출판 시장의 6대 출판사가 모두 아이북스토어를 통해 전자책을 공급하기로 계약을 맺었다. 그런데 이 가운데 맥밀란(Macmillan)이란 출판사가 경쟁사인 아마존에 $9.99는 책값으로 너무 싸니, 다시 책값을 현실적으로 생산 원가에 맞춰 올려달라고 부탁한다. 아마존이 이 말을 듣고 책값을 올리자 다른 출판사들도 너도나도 아마존에 자기 출판사가 펴낸 책의 전자책 값을 올려달라고 부탁한다.

아마존은 그렇게 다시 전자책 가격을 올렸다. 그런데 이때 예상치 못한 이가 등장한다. 미국 법무부 반독점국이 애플과 출판사들을 상대로 소송을 벌인 거다. 이번에도 가격이 문제였다. "착한 혁신 기업" 아마존이 고맙게도 낮춰 놓은 책값을 왜 기득권 출판사들이 다시 올리게 했냐는 것이다. 소비자들은 전자책을 싸게 볼 수 있어서 좋았는데, 왜 애플이 출판사들과 담합해 가격을 올려 소비자 효용을 빼앗아 가느냐는 것이었다. 결국, 애플은 전자책 시장에서 아예 발을 뺐다.

어떻게 보면 앞서 살펴본 유타 파이 소송과 닮은 점이 있다. 정부가 상황을 완전히 잘못 짚고 엉뚱한 데를 규제한 점이 그렇다. 전자책 시장에서 독점적인 행위를 한 건 아마존이다. 약탈적 가격정책을 통해 시장 점유율을 90%까지 확보했기 때문이다. 그런데 규제 당국은 이번에도 소비자가격만 바라봤고, 가격을 낮춘 아마존은 착한 기업, 가격을 다시 올린 애플은 나쁜 기업이 되고 말았다.

규제 당국은 플랫폼 경제의 특징을 전혀 이해하지 못했다. 플랫폼 경제에선 기본적으로 생산 원가보다 낮게 가격을 책정하는 것이 기업의 독점적 지위를 확대하는 데 매우 유리하게 작용했다. 또한, 아마존은 설사 전자책을 싸게 팔아서 손해를 보더라도 다른 데서 이를 너무도 쉽게 만회할 수 있다. 전자책을 판매하면서 확보한 소비자 데이터의 가치는 전자책값을 할인해준 것보다 훨씬 더 컸다. 아마존이 소비자 데이터를 활용해 올릴 수 있는 이윤은 무궁무진했는데, 정부는 이런 사업 간의 연결고리를 전혀 이해하지 못한 채 여전히 시카고 학파의 소비자 효용 패러다임에 갇혀있었다. 시카고 학파는 합리적 행위자가 약탈적 가격정책을 펼 리 없다고 가정했다. 손해를 봐가면서 가격을 낮게 매기는 건 절대 오랫동안 유지할 수 없는 반짝 전략일 뿐이라고 봤다. 그런데 아마존은 진출한 거의 모든 사업 분야에서 10년 가까이, 아니 할 수 있다면 최대한 오래 약탈적 가격정책을 폈다. 지금도 새로운 사업 분야에 뛰어들 때마다 규제 당국의 눈을 피해 할 수만 있다면 가격을 낮게 유지한다. 홀푸즈에서 장을 보면 '아마존이 인수하고 났더니, 확실히 가격이 싸지긴 싸졌구나.' 하는 생각이 금방 든다. 아마존의 주주들은 약탈적 가격정책 때문에 발생하는 손해를 오히려 반긴다. 당장 손해를 보더라도 시장 점유율을 높이고 다른 업체들이 모두 아마존에 의존하게 만드는 게 장기적으로 아마존에 훨씬 더 이득이고, 그래야 주가도 오른다는 걸 알기 때문이다. 시카고 학파의 가정은 아마존의 성장사를 통해 완전히 반증됐다.

규제 당국은 온라인에서 책을 파는 것이 기존 (오프라인) 서점에서 책을 파는 것과 어떻게 다른지도 잘 이해하지 못했다. 아마존은 왜 온라인에서 책을 싸게 팔까? 도서 시장 점유율을 높인 뒤 경쟁자가 사라지면 책값을 올려 손실을 만회하려는 전략은 처음부터 없었다. 그렇다고 사람들에게 책을 더 많이 읽게 하려고, 독서 진흥을 위한 고상한 이유도 물론 아니었을 것이다. 규제 당국은 당시 완전히 헛다리를 짚었지만, 지금 우리는 그 이유를 다 알고 있다. 바로 책을 싸게 사려고 아마존 플랫폼에 소비자가 한 번 유입되면, 아마존은 플랫폼에 들어온 소비자에게 다양한 제품을 더 팔 수 있기 때문이다. 전자책에 적용한 할인율은 다른 제품을 팔아 올린 매출을 고려하면 '남는 장사'였다.

책을 사러 온 고객에게 독서대나 침대 옆에 다는 독서등 같은 관련 제품을 좀 더 파는 정도에 그치지 않는다. 보고서 서두에 언급한 것처럼 디지털 경제에서는 데이터가 전부다. 데이터가 곧 돈이고, 데이터가 곧 사업의 성패를 결정한다. 아마존 플랫폼에 소비자가 머무는 시간이 길어질수록 아마존은 어마어마한 데이터를 모은다.

오프라인 서점이나 영화관, 마트도 고객의 데이터를 모으지만, 전자상거래 플랫폼에서 모을 수 있는 데이터는 차원이 다르다. 아마존은 고객이 어떤 책을 클릭했고, 그 책 소개 페이지에 몇 분 머물렀으며, 장바구니에 뭘 담았다가 뺐는지, 심지어

커서가 어디에 몇 초 머물렀는지까지 우리가 상상할 수 있는 것 이상으로 자세한 데이터를 모두 다 모은다. 이 정보를 토대로 할 수 있는 일도 역시 우리의 상상을 넘어선다. 소비자에 따라 가격을 달리 제시하는 가격차별의 정교함도 더운 여름날 자판기에서 뽑아 먹을 수 있는 시원한 음료수 가격을 100원 더 올리는 수준을 뛰어넘는다. 실제로 아마존이 하루에 웹사이트의 제품 가격을 250만 번 바꾼다는 보고서도 있다. 워낙 제품이 많기 때문이기도 하지만, 정교한 알고리듬을 토대로 쉬지 않고 가격을 바꿔보는 거다. 바뀌는 가격에 따라 소비 패턴이 어떻게 바뀌는지는 또다시 데이터가 돼 알고리듬을 강화하는 되먹임 사슬이 구축돼 있다. 전자책을 비롯해 몇몇 제품 가격을 낮춰 고객을 끌어들이기만 하면 아마존은 그 누구도 범접할 수 없는 데이터를 확보하게 되고, 이를 활용해 끊임없이 성공의 경험을 확대, 재생산한다.

아마존이 전자책 가격을 낮추고 출판 시장을 빠르게 잠식하자, 출판 업계 전체가 영향을 받았다. 아마존에 맞서려면 소규모 출판사보다 몸집이 큰 출판사가 필요했다. 출판 업계에 인수·합병이 활발해졌고, 원래 많았던 출판사의 숫자가 급감해 지금은 사실상 6개 대형 출판사만 남았다. 출판 업계에 경쟁이 줄어들자, 소위 잘나가는 작가, 이미 이름이 알려진 사람들만 책을 낼 수 있게 됐다. 출판사들이 아마존과의 경쟁을 의식해 안전하고 확실한 책만 내려는 경향이 생겼기 때문이다. 신간들을 봐도 새로운 아이디어나 주제의 다양성이 줄어들었다. 이를 두고 미국 지식 경제가 경직됐다고 하면 다소 지나친 해석일 수도 있다. 그러나 다양한 주제의 책을 볼 수 있는 것도 엄연한 소비자 효용이라면, 아마존이 경쟁 질서를 왜곡하면서 소비자 효용은 줄어들었다. 책값이 낮아졌으니 소비자 효용이 높아진 것 아니냐는 분석은 하나만 알고 둘은 모르는 소리다.

b. 퀏지와 기저귀, 오아시스처럼 사라진 아마존 맘(Amazon Mom)

두 번째는 아마존이 생산 원가에도 못 미치는 싼값에 제품을 내놓아 실제로 경쟁사를 압박해 고사시킨 사례다. 아마존은 전자책 가격을 낮춰 출판 시장을 장악한 뒤 전자상거래 시장에서 다양한 제품을 두고 경쟁을 벌였다. 당시 기저귀, 비누, 화장품 등에 특화된 퀏지(Quidsi)라는 회사가 있었다. 전자상거래 시장에서 가장 빠르게 성장하는 회사 중 하나였는데, 아마존은 (잠재적인) 경쟁자 퀏지를 인수하려 했다. 그러나 2009년에 퀏지 측은 아마존의 인수 제안을 거절한다. 그러자마자 아마존의 보복이 시작됐다. 아마존은 우선 아마존 플랫폼에서 기저귀 가격을 30%나 인하했다. 출혈 경쟁을 감수하고 원가에도 못 미치는 수준으로 가격을 후려쳤다. 그리고 가격 봇을 띄웠다. 봇이 하는 일은 퀏지 사이트에서 지금 어느 브랜드 기저귀가 얼마에 팔리고 있는지를 실시간으로 확인하는 일이었다. 이어 아마존은 알고리듬으로 무조건 퀏지 사이트보다 조금 더 싸게 기저귀를 팔았다. 가격 경쟁으로 퀏지를 압박하는 동시에 2010년 아마존은 아마존 맘(Amazon Mom) 서비스를 출시한다. 회원제

서비스에 가입하면 첫 달엔 기저귀를 30% 추가로 할인해주는
파격적인 서비스였다. 아마존은 이미 웬만한 경쟁 업체 몇
개쯤은 쉽사리 고사시킬 만한 힘을 갖추고 있었다. 큇지가
아마존의 인수 제안을 거절한 지 3개월 만에 큇지의 매출은
1억 달러나 줄었다. 다급해진 큇지는 적대적인 아마존 대신
월마트에 회사를 팔려고 했다. 그러나 아마존은 이 기회를
놓치지 않았고, 끝내 큇지를 사들였다. 이때도
연방거래위원회는 독점 소지가 없다고 판단, 인수를 허용했다.
경쟁자를 인수함으로써 경쟁의 싹을 잘라낸 아마존은 기저귀
가격을 다시 올렸다. 2011년엔 파격적인 서비스였던 아마존
맘을 슬그머니 없앴다. 이번에는 좀 더 노골적으로 독점
기업이 된 뒤 독점적 지위를 이용해 가격을 올렸는데도 규제
당국은 문제의 소지가 있는 인수를 검토하고 막을 기회를
스스로 날렸다.

c. 물류

아마존은 다양한 분야에서 조금씩 다른 전략을 쓰며
효과적으로 경쟁자를 몰아내고 시장에 홀로 남았다. 물류
분야는 아직 아마존이 독점하고 있다고 보기 어렵지만,
경쟁자를 넘어서서 지배적인 영향력을 행사하는 기업으로
서서히 자리매김하고 있다.
아마존의 급격한 성장은 물류·배송 업계의 거인이던 UPS나
페덱스(FedEx)에도 엄청난 호재였다. 아마존 프라임 서비스가
빠르게 성장하면서 배송 수요도 따라서 커졌고, UPS와
페덱스의 매출, 이윤도 덩달아 올랐다. 2015년 한 해에 UPS가

아마존을 통해 올린 매출만 10억 달러가 넘는다. 1년에 1조 원 넘는 주문을 해주는 고객은 당연히 특별 관리 대상일 수밖에 없다. 아마존은 UPS를 이용할 때 배송료를 70% 가까이 할인받았다. 그런데 아마존에 배송료를 깎아준 대신 다른 데서 매출을 보전해야 했던 UPS는 주문량이 많지 않은 중소 플랫폼들에는 오히려 더 비싼 값을 받았다. 초기 스탠더드 오일이 레이크쇼어 철도를 이용할 때 운송료를 71%나 할인받았던 계약이 연상된다. 스탠더드 오일의 경쟁사들이 그랬듯 아마존의 경쟁사들은 울며 겨자 먹기로 훨씬 비싼 배송료를 감수하는 수밖에 없었다.

아마존은 여기서 그치지 않고, 경쟁 업체들의 약점을 사업 확장 기회로 이용한다.[59] 당장은 UPS와 페덱스에 물류 대부분을 의존하고 있지만, 궁극적으로는 물류·배송까지 직접 맡아서 하려는 계획의 첫 단추를 채운 셈이다. 아마존은 2006년부터 풀필먼트 센터(FC, Fulfillment Center)를 짓기 시작했다. 아마존 풀필먼트 센터는 단순 물류창고가 아니라 아마존의 수많은 배송 주문을 처리하는 물류 중심지다. 빅데이터를 바탕으로 한 혁신적인 기술, 공정을 잇따라 도입했는데, 아마존은 풀필먼트 센터에서 자기 제품만 배송하지 않았다. 어쩔 수 없이 비싼 값을 내고 UPS, 페덱스를 이용하던 중소기업들을 고객으로 유치했다. UPS와 페덱스보다 싸게 물건을 배송해주니, 중소기업들로선 이용하지 않을 이유가 없었다. 그런데 애초에 중소기업들이 UPS, 페덱스에 비싼 값을 내야 했던 이유가 아마존 때문이었으니, 마치 아마존이 중소 경쟁 기업들에게 병 주고 약 준 셈이다.

어쨌든 아마존은 풀필먼트 센터를 공격적으로 확장하며 미국 전역에 촘촘한 배송망을 갖췄고, 결국 물류 분야에서도 UPS, 페덱스를 제치고 1위에 등극했다. 풀필먼트 센터만 지은 게 아니라 물류 트럭, 비행기도 계속 확충하고 있는데, 남는 차량은 UPS와 페덱스에 빌려주고 있다. 규제 당국은 이번에도 아마존이 물류 시장에서 점유율을 높이는 내내 독점 혐의를 전혀 문제 삼지 않았다. 수직적 합병을 통해 더 싼 값에 물류·배송까지 맡아주겠다는 아마존은 규제 당국의 눈에는 그저 '좋은 기업'일 뿐이다.

물류 분야를 장악한 사례가 특히 중요한 이유는 아마존이 한 산업에서의 우위를 다른 산업에서의 우위로 상당히 쉽게 전환한 전형이기 때문이다. 아마존은 온라인 소매, 전자상거래 분야의 우위를 이용해 물류 산업을 매우 빨리 접수했다. 다른 기업이었다면 UPS, 페덱스가 구축한 진입장벽을 이렇게 쉽게 뛰어넘을 수 없었다. 자금력도 자금력이지만, 이번에도 데이터가 아마존이 발휘한 무시무시한 힘의 원천이었다. 물류 서비스 분야에서도 데이터를 장악한 기업이 마지막엔 승리할 수밖에 없다. 소비자 데이터를 장악한 아마존은 시장에 있는 기업, 상인, 가게들이 모두 의존하지 않을 수 없는 핵심 인프라를 제공하고 있었다. 물류도 시장에서 일어나는 거래의 한 과정일 뿐이다.
다른 기업의 진입장벽은 아마존 앞에선 아무런 위력을 발휘하지 못하지만, 정작 아마존은 그 존재 자체가 다른 기업에게 엄청난 진입장벽이다. 앞서 마크업의 기사를 통해

아마존이 자체 브랜드, 협력사 제품을 얼마나 확실하게
밀어주는지 살펴봤는데, 아마존 풀필먼트 센터를 이용하는
고객사는 아마존 마켓플레이스에서 소비자들의 눈에 훨씬 더
잘 띄는 자리에 배치되는 협력사다.
문제는 오늘날 반독점 규제 프레임이 아마존의 우위에 따른
진입장벽이 부여하는 차별을 전혀 짚어내지 못하는 데 있다.
리나 칸 위원장은 아마존이 협력사에게 주는 혜택을 경쟁의
원칙을 훼손하는 엄연한 불공정 경쟁으로 보고 규제해야
한다고 주장한다. 그러나 시카고 학파의 패러다임은 수직적
합병을 딱히 문제 삼지 않는다. 수직적 합병 때문에
소비자가격이 올랐을 때만 당국이 개입하면 된다고 보기
때문에 아마존은 아무런 제지도 받지 않고 물류 산업을 접수할
수 있었다. 칸 위원장은 규제 당국이 전자상거래 시장의 핵심
거래 파트너 아마존이 물류 산업에 뛰어들어 수직적 합병에
나설 경우 가뜩이나 아마존에 집중된 권력이 더 집중되리라는
점을 규제 당국이 심각하게 고려한 채 인수·합병을 심사했어야
한다고 말한다. 시장 권력이 한쪽으로 집중되면, 이는 반드시
경쟁을 저해한다. 플랫폼 경제에선 특히 경쟁이 줄어든다고
독점 기업이 가격을 올리지 않으므로, 가격만 보고 있으면
문제를 알아차릴 수 없다. 그러나 경쟁이 줄어들면 어떤
식으로든 반드시 소비자에게 피해가 간다. 또한, 소비자만 볼
일이 아니다. 우리는 모두 소비자인 동시에 노동자이고,
독립적인 가게, 자영업자, 상인, 제조업체, 협력업체이기도 하다.
시장의 핵심 인프라를 제공하는 아마존이 시장의 권력을
장악하고 거리낌 없이 모든 결정을 내릴 수 있게 되면

소비자뿐 아니라 모든 이해관계자(stakeholders)가 피해를 볼
수밖에 없다.

d. 아마존 마켓플레이스[60]

리나 칸 위원장이 논문에서 언급한 내용을 조금 더 추가하면,
아마존 마켓플레이스는 아마존의 성장에 중요한 수입원을
제공했다. 아마존 플랫폼을 이용하는 사람이 많아지다 보니,
많은 고객을 만나려면 업체들은 아마존 마켓플레이스에 반드시
입점해야 했다. 그러다 보니 마켓플레이스를 이용하는 제3자
판매상은 계속 늘어났고, 경쟁이 치열해진 아마존
마켓플레이스는 값싸고 품질 좋은 물건이 많은 곳으로 소문이
났다. 소문은 더 많은 이용자를 끌어들였다. 선순환이 일어났다.
실제로 2011년 마켓플레이스에서 팔린 물건 가운데 제3자
판매상이 판 제품의 비율은 36%에 불과했지만, 지난해에는 이
비율이 56%까지 높아졌다. 2021년 기준 아마존
마켓플레이스에 입점한 업체는 950만 개에 이르고, 실제
물건을 파는 업체도 250만 개나 된다. 이 가운데 미국
업체들은 약 50만 개다. 아마존은 제3자 판매상들에게
마켓플레이스를 이용하는 대가로 수수료를 받는데, 이 수익만
지난해 805억 달러, 약 90조 원에 달했다.
아마존이 마켓플레이스를 운영하고 수수료를 받는 건 그
자체로 크게 문제 될 것이 없다. 문제는 이해관계 충돌의
문제다. 앞서 언급한 것처럼 아마존은 장터를 제공하는
업체이면서 물건을 만들어 팔기도 하고 그런 기업을 왕성하게
사들이는 큰손이기도 하다. 수수료보다 당국이 감독하고

규제해야 하는 건 아마존이 마켓플레이스를 통해 모으는
방대한 데이터다. 그 데이터를 마켓플레이스를 최적화하는
데만 쓰지 않고, 아마존이 경쟁 제품을 출시하는 데 요긴하게
활용한다면 이는 곧바로 이해 충돌이자 불공정 경쟁이 된다.
더 많은 고객을 확보하기 위해 어쩔 수 없이 마켓플레이스에
입점한 판매상들은 제품 데이터는 고스란히 건네고 소비자들의
패턴을 알 수 있는 데이터는 구경도 못한 채 아마존에게
꼬박꼬박 '다음번 대박 아이템'을 거저 알려주는 셈이다. 앞서
소개한 픽 디자인의 카메라 가방과 비슷한 사례들이 무척
많다.

어떻게 규제해야 할까?
리나 칸 위원장이 논문에서 제안하는 플랫폼 독점 기업에 대한
규제 방안은 지난해 하원에서 발의된 반독점 패키지법에 상당
부분 반영됐다. 의회가 법을 발의할 때 현직 연방거래위원장이
주장한 규제의 핵심 기조를 분명 참고했을 것이므로, 정책
제언에 관해 다룬 논문의 뒷부분도 꼼꼼히 살펴봐야 한다.
리나 칸 위원장이 제안하는 규제 방안 가운데 앞에서 언급하지
않은 새로운 이야기는 없다. 모두 앞서 문제점으로 지적한
부분에 대한 해결책과 보완책이다.
핵심 거래 파트너로서 시장의 인프라를 제공하는, 사실상의
독점 기업이 된 빅테크 플랫폼을 어떻게 규제하면 좋을까?
플랫폼의 권력을 규제할 수 있는 방법으로 리나 칸 위원장은
크게 두 가지 방안을 꼽았다. 하나는 반독점법을 강화해
시장의 경쟁을 늘려 독점 기업의 시장 점유율을 낮추는

것이다. 다른 하나는 아마존을 비롯한 빅테크 플랫폼 기업을 명시적인 독점 기업으로 지정한 다음 정부가 해당 기업들을 감독하고 규제하는 것이다.

먼저 반독점법을 적용해 시장의 경쟁을 촉진하는 방안에 관해 더 알아보자.

현재 미국의 반독점 패러다임이 가장 뒤처진 부분은 시카고 학파의 시각에 갇혀있는 지점과 일치한다. 즉, 약탈적 가격정책과 수직적 합병을 방치하는 게 시장의 권력을 한곳에 쏠리게 해 독점을 야기하고 불공정 경쟁을 부추긴다는 점을 문제로 파악하지 못하고 있는 점이 문제다. 리나 칸 위원장은 약탈적 가격정책과 수직적 합병을 엄격히 규제하는 것이 선순환 구조를 만드는 출발점이 될 거라고 말한다.

현재 미국에서는 약탈적 가격정책을 문제 삼아 소송을 걸면 가격정책이나 경제 행위 가운데 어디가 잘못됐는지 입증해야 하는 책임이 원고에게 있다. 기저귀 회사나 출판사가 아마존이 약탈적 가격정책을 펴서 진입장벽을 쌓았다고 고소하면, 법원은 기저귀 회사, 출판사에게 아마존이 언제 어느 제품에 가격을 어떻게 매겼길래 소송을 걸었는지 설명하라고 요구한다. 그런데 디지털 시대 플랫폼 경제에선 약탈적 가격을 증명하기가 무척 복잡하고 까다롭다.

과거에는 약탈적 가격정책이 매우 분명했다. 예를 들면 이렇다. 모기장 시장에 진출한 기업이 시장 점유율을 높이려고 시장 가격 1만 원이던 모기장을 5천 원에 팔기 시작한다. 싼값에 모기장을 많이 판 기업은 승승장구하는 사이 기존 모기장

업체들은 파산에 이른다. 업체들이 줄줄이 도산하고 이제 시장에서 유일한 모기장 공급업체가 된 기업은 5천 원으로 낮췄던 모기장 가격을 5만 원으로 올린다. 이렇게 한 제품의 가격이 어떻게 변하는지만 확인하면 약탈적 가격정책을 입증할 수 있던 시절에는 원고가 소송을 걸기도, 규제 당국이 개입해 독점 기업의 출현을 방지하기도 쉬웠다.

플랫폼 경제의 가격 메커니즘은 완전히 다르다. 시장에 인프라를 제공하는 핵심 거래 파트너들은 물건을 팔아 올리는 수입보다 훨씬 큰 가치를 고객의 데이터에서 얻는다. 즉 고객이 우리 플랫폼에서 가능한 한 오래 머물수록 모을 수 있는 데이터가 훨씬 자세하고 풍부해지는데, 데이터를 활용하면 훨씬 더 큰 이윤을 올릴 수 있다. 그래서 당장 재무제표에 나타나는 손해를 감수하더라도 고객을 더 많이 끌어모으고 플랫폼에 붙잡아둘 수만 있다면 빅테크 기업들은 얼마든지 오랫동안 원가에 못 미치는 수준의 낮은 가격(below cost pricing)을 유지한다. 플랫폼 경제의 이런 특징을 이해하지 못한 채 가격을 언제 올릴지만 기다리며 약탈적 가격정책을 감독하는 건 그야말로 나무 위에 올라가 물고기를 찾는 격이다.

리나 칸 위원장은 가격 대신 시장의 구조, 여기서는 시장 점유율을 봐야 한다고 주장한다. 아마존의 전자책 시장 점유율이 40%보다 높다면 아마존이 아무리 싼값에 책을 팔고 있다고 하더라도 시장의 권력이 너무 한곳에 쏠린 건 아닌지, 불공정 경쟁 소지가 있지는 않은지 규제 당국이 감독해야 한다.

연방제 국가 미국은 땅도 넓고, 주마다, 권역마다 지역 경제 시장도 규모가 크다. 이런 특징을 고려하면 지역별로 시장 점유율을 따져보고 규제하는 일도 중요하다. 예를 들어 우버의 시장 점유율이 전국적으로 보면 30%인데 특정 도시에서는 80%에 육박한다면, 해당 도시나 주 규제 당국이 나서야 한다. 그래서 연방거래위원회, 법무부 반독점국뿐 아니라 각 주 법무부의 역할도 중요하다.

수직적 합병에 대한 규제와 감독도 강화돼야 한다고 리나 칸 위원장은 주장한다. 현재 규제 기조는 수직적 합병이 수많은 이해관계 충돌을 빚어낸다는 점을 이해하지 못한다. 수직적 합병이 가져오는 부정적 효과는 플랫폼 경제에서 특히 더 심각하다. 한 플랫폼의 데이터를 이용해 다른 시장에 진출해 경쟁 업체를 고사시키고 이윤을 독식하기가 더 쉬워졌다. 먼저 수직적 합병을 허용하는 기준을 강화해야 한다. 현재 수평적 인수·합병에 관해선 엄격한 기준이 남아있지만, 수직적 인수·합병은 별 규제 없이 승인된다. 잠재적 경쟁자를 돈으로 사들이려는 대기업이라도 해당 기업 인수가 수평적 합병이 아니라 수직적 합병이라는 점만 어떻게든 관철하면 인수·합병 승인을 받아낼 수 있다. 실제로 페이스북이 인스타그램과 왓츠앱을 인수하려 했을 때도 이 점이 논란이 됐다. 수직적 합병이 시장의 구조와 경쟁 질서를 얼마나 뒤흔들 수 있을지 규제 당국이 알았다면 페이스북이 잠재적인 경쟁 업체를 그렇게 쉽게 사들이게 놔두지 않았을 거다.

또한, 피인수 기업이 보유한 데이터를 활용해 인수 기업이 사업적 이득을 보거나 시장 경쟁에서 유리한 고지를 선점하는

크로스 레버리지(cross-leverage)를 규제해야 한다. 인수·합병을
심사할 때 수평적, 수직적 문제만 따질 게 아니라 데이터의
가치가 대단히 중요한 플랫폼 경제의 특징을 잊지 말아야
한다. 규제 당국은 인수·합병을 검토할 때 피인수 기업이 가진
데이터를 어떻게 활용할 것인지에 관해서도 꼼꼼히 물어야
한다. 피인수 기업의 데이터 활용 계획에 관한 기준을 세워
이를 만족할 때만 인수·합병을 승인하는 방법도 고려해볼
만하다.

크로스 레버리지의 사례로 페이스북이 VPN 서버 업체
오나보를 인수한 일은 앞서 살펴봤다. 아마존 웹서비스(AWS)도
크로스 레버리지의 대표적인 사례다. 클라우드 컴퓨팅 분야
1위인 아마존 웹서비스는 돈이 되는 정보, 데이터를 훤히
들여다보고 있다. 어떤 스타트업이 미래가 밝은지, 어느 분야가
앞으로 성공할지, 투자가 어디에 몰릴지 모두 알 수 있다.
그런데 아마존 자회사 가운데는 벤처캐피털 회사도 있다.
아마존이 AWS를 통해 모은 데이터를 벤처캐피털에
제공한다면 이는 전형적인 크로스 레버리지로 엄연한 불공정
경쟁이 된다.

두 번째 방법은 아마존과 같은 플랫폼 기업을 독점 기업으로
지정한 뒤 정부가 해당 기업들을 직접 규제하는 방법이다.
기존 반독점법을 통해 시장의 경쟁을 되살릴 수 없다면,
과거에 전기나 철도 등 공익기업(public utility)을 자연독점
기업으로 지정하고 규제한 것처럼 플랫폼 기업을 규제하는
방법이다. 정부가 자연독점을 인정하고, 어느 정도 독점 이윤을

허용하되 엄격한 요건을 내걸고 규제를 따르게 하는 것이다. 리나 칸 위원장은 아마존이 디지털 시대의 핵심 거래 파트너로서 인터넷 경제의 인프라를 제공하는 독점 기업이므로, 미국 정부가 공익기업을 규제했던 것처럼 아마존을 규제할 수 있다고 주장한다.

정부가 내걸어야 할 핵심적인 요건은 아마존 플랫폼에 들어온 생산자나 소비자를 아마존이 차별하지 못하게 하는 것이다. 아마존의 역할은 플랫폼을 제공하는 데 국한되고, 이해관계 충돌은 원천적으로 차단된다. 플랫폼 제공자 아마존은 자기 브랜드 제품을 자기 플랫폼에서 팔 수도 없고, 아마존 풀필먼트 센터를 이용하는 업체들을 우대해서도 안 된다. 이는 과거의 공용 운송자(common carrier) 개념을 차용한 것이다. 철도 운송사업자는 기본석으로 뭐든지 돈을 낸 고객이 원하는 걸 실어나를 수 있다. 이를 개인 운송자(private carrier)라고 부르는데, 철도 회사가 어떤 물건이나 승객을 실어나르는지는 민간 영역으로, 규제 당국은 간여할 수 없는 사안이었다. 그러나 철도 사업자가 또 다른 핵심 생산 시설인 탄광을 소유하고 있을 때는 얘기가 달랐다. 자기가 소유한 탄광에서 나는 광물은 자기 철도를 이용해 나를 수 없었다. 이는 불공정 경쟁을 줄이기 위해 19세기 말에 반독점법을 처음 만들었을 때 도입한 규정이다. 자기 탄광이 아닌 곳에서 채취한 광물만 운송할 수 있게 하면 해당 철도는 공용 운송자가 된다. 지금의 아마존은 19세기 철도 사업자에 비교할 만하다. 아마존이 지금처럼 아마존 마켓플레이스에서 자체

브랜드 제품을 아무런 제약 없이 팔 수 있는 한 불공정 경쟁을
막을 길은 요원하다.

논문은 아마존을 스탠더드 오일이나 미국전화전신회사(AT&T)
처럼 분할하는 문제에 관해선 거의 언급하지 않고 있다.
플랫폼을 운영하는 알고리듬이 긴밀히 연결돼 있다는 점을
생각하면 현실적으로 기업을 분할하는 건 매우 복잡하고
어려운 일이다.[61] 리나 칸 위원장은 그보다 가격이나 서비스
과정에서의 차별을 시정하고, 이해관계 충돌을 막기 위해 기업
활동 분야를 제한하는 쪽을 더 현실적인 방안으로 여기는
듯하다.

5. 반독점 패키지법 2021

조 바이든 대통령은 지난해 취임 후 디지털 시대 플랫폼 경제에서 나타나는 시장 권력의 집중 문제를 연구해 온 리나 칸 교수를 연방거래위원장에 임명했다. 얼핏 보면 젊은 학자를 '깜짝 발탁'한 것으로 보이지만, 이미 리나 칸 위원장은 학계와 싱크탱크, 또 하원 법사위원회 산하 반독점 소위원회와 연방거래위원회에서 빅테크 플랫폼 기업들의 독점 문제와 관련된 업무를 오랫동안 해온 이 분야의 베테랑이었다.[62] 연방거래위원회, 법무부 반독점국이 행정부 내의 반독점 기관이라면, 입법부인 의회에서는 법사위 산하 반독점 소위원회에서 맡는데, 리나 칸 교수는 2019년부터 반독점 소위원회 법률 자문위원으로 활동하며 플랫폼 기업에 대한 의회 차원의 조사를 돕기도 했다. 리나 칸 위원장은 지난해 6월 연방거래위원장 임기를 시작했는데, 마치 리나 칸 위원장의 취임에 맞춰 준비한 것처럼 하원 반독점 소위원회가 반독점 패키지법을 발의했다. 6월 초 발의된 일련의 법안은 6월 23, 24일 이틀에 걸쳐 법사위 논의, 심사, 투표를 거쳐 통과됐고, 아직 본회의에는 상정되기 전이다. 발의된 법안의 내용을 살펴보면, 바이든 행정부의 반독점법이 어떤 부분을 중점적으로 규제하려 하는지 엿볼 수 있다.[63] 반독점 패키지법은 민주당 의원 7명, 공화당 의원 5명이 공동 발의했다. 정치적 이념의 양극화가 극심한 현재 정치 지형에서 양당 사이에 빅테크 기업을 규제해야 한다는 공감대가 형성된 만큼, 법안은 본회의를 통과할 가능성이 커 보인다. 다만 법안

대부분이 그렇듯 초안이 그대로 법으로 제정되는 경우는 매우 드물다. 구글, 페이스북을 비롯해 반독점 패키지법이 발효되면 규제 대상이 될 기업들은 지금 이 순간도 새로운 규제가 미칠 부정적 영향을 최소화하기 위해 공격적으로 로비를 벌이고 있을 것이다. 또한, 바이든 대통령이 임기 첫 해 대부분을 코로나 경제 회복과 인프라 확충을 위한 법안, 이른바 BBB(Build Back Better)법에 신경을 쏟느라 다른 개혁 의제가 뒷전으로 밀린 점도 현실적인 걸림돌이다. 그렇더라도 초당적 협의를 거쳐 법사위까지 통과한 반독점 패키지법은 자세히 살펴볼 가치가 충분하다.

우선 반독점 패키지법의 가장 큰 특징은 법의 적용 대상을 법을 제정하면서 이미 명확히 규정한 점이다. 즉 반독점 패키지법의 적용을 받는 지정 플랫폼(covered platforms)의 요건을 정해놓았는데, 이는 다음과 같다.

1. 미국 내 월간 활성 사용자 수(MAU, Monthly Active Users)가 5천만 명 이상이거나 월간 활성 이용업체 수가 10만 개 이상인 플랫폼.
2. 연간 순매출 또는 시가총액이 6천억 달러(약 700조 원) 이상인 플랫폼.
3. 플랫폼에 참여하는 업체들이 플랫폼에 사업의 다양한 부분을 의존하는 핵심 거래 파트너(critical trading partner)인 온라인 플랫폼.

세 가지 요건을 모두 충족하는 기업은 알파벳(구글의 지주회사), 아마존, 애플, 메타(구 페이스북) 네 곳뿐이다. 앞서

4장에서 살펴본 방안 가운데 두 번째 방안, 즉 정부가 직접 플랫폼들을 독점 기업으로 지정해놓고, 이를 관리·감독하는 방안에 가깝다고 할 수 있다.

한편, 마이크로소프트도 빅테크 기업임에는 틀림이 없지만, 마이크로소프트는 위에서 열거한 요건 가운데 첫 번째, 세 번째 요건을 만족하는지가 확실하지 않다. 다만 지난 1월 마이크로소프트가 게임사 액티비전 블리자드(Activision Blizzard)를 690억 달러 전액 현금으로 인수한다고 발표한 데 대해서는 연방거래위원회가 엄격한 인수·합병 심사를 예고했다.[64] 연방거래위원회는 게임 산업도 다른 산업 분야와 마찬가지로 경쟁이 약화되지 않도록 시장을 관리하고 기업들의 인수·합병을 감독하는 게 규제 당국의 역할이라며, 이번 기회에 법무부 반독점국과 함께 불법 인수·합병 감독 및 서벌 방침을 강화하겠다고 밝혔다.[65] 마이크로소프트는 규제 당국의 심사를 통과하기 위해 블리자드 인수가 게임 시장의 경쟁을 저해하지 않을 거란 점을 여러 정책에 명시했다는 내용을 잇따라 발표하고 있다.[66]

하원이 발의한 반독점 패키지법은 처음에는 5개였는데, 논의 막판에 하나가 더 추가돼 총 6개로 이뤄져 있다. 하나씩 이름과 내용을 살펴보자.

법안 1: 미국 온라인 시장 선택과 혁신법[67]

이 법은 주요 플랫폼이 자사 제품을 우대하지 못하게 막는 법이다. 앞서 아마존이 아마존 마켓플레이스에서 자체 브랜드

제품이나 아마존 풀필먼트 센터를 이용하는 제품을 어떻게
밀어주는지 살펴봤던 것, 또 리나 칸 위원장이 두 번째
논문에서 열거한 수많은 플랫폼의 이해충돌 사례를 떠올리면
된다.

사실 보고서는 아마존의 사례를 주로 다뤘지만, 다른 플랫폼의
상황도 크게 다르지 않다. 예를 들어 구글의 검색결과 1 만
5 천 건을 분석해봤더니, 그 가운데 41%가 구글의 자사
제품이나 브랜드가 포함된 것으로 나타났다. 애플이 애플
뮤직을 출시한 뒤 스포티파이를 차별한 사례도 미국 온라인
시장 선택과 혁신법이 있었다면, 위법으로 판단됐을 수 있다.

법안 2: 플랫폼 독점 종식법[68]

미국 온라인 시장 선택과 혁신법은 이미 존재하는 플랫폼이
권력을 남용해 자체 브랜드를 우대하지 못하게 제약하는
법이다. 플랫폼 독점 종식법은 디지털 플랫폼이 애초에 과도한
권력을 가지지 못하게 선제적으로 시장 구조를 규정한
법이라고 볼 수 있다. 지배적인 플랫폼은 아예 자체 브랜드
제품을 출시할 수 없게 해서 이해충돌이 일어날 소지 자체를
없애는 거다. 비유하자면, 시험 출제 위원은 문제를 내고
감독만 할 수 있게 하는 것이며, 경기 심판이 선수로 뛸
가능성을 처음부터 차단하는 것이다. 리나 칸 위원장이 두
번째 논문에서 주장한 플랫폼과 상업의 분리의 원칙이 가장
적극적으로 반영된 법이라고 할 수 있다.

예를 들어 아마존이 소유한 브랜드 가운데 가정 보안 서비스
링(Ring)이 있다. 플랫폼 독점 종식법이 제정되면 아마존은

아마존 마켓플레이스에서 링을 경쟁 제품과 함께 팔지 못한다. 링과 비슷한 제품이 경쟁한다면 팔이 안으로 굽을 수밖에 없다. 마찬가지로 구글은 구글 검색결과 상위에 유튜브 동영상을 다른 동영상 검색결과보다 인위적으로 높게 위치시킬 수 없게 된다. 특히 검색결과 알고리듬에 플랫폼이 부당하게 개입한 사실이 드러나면 구글이나 아마존도 직접 제재를 받을 수 있다. 다만 위법 여부를 입증하고 판단하기가 매우 복잡할 것으로 보이며, 빅테크 플랫폼이 기존의 사업 모델을 대대적으로 수정해야 할 수도 있어서 반독점 패키지법 가운데 가장 큰 반발이 예상되는 법이기도 하다. 이 법은 실제로 법사위를 21:20으로 가장 아슬아슬하게 통과했다. 인터넷의 글래스스티걸법으로 불리기도 하는 이 법은 특히 기업의 사업 방식에 정부가 직접적으로 관여할 여지를 주기 때문에 정부의 시장 개입을 꺼리는 공화당 의원들이 대부분 반대하고 있다.[69] 이 법안은 본회의를 거치며 패키지에서 빠질 수도 있고, 살아남아 법으로 제정되더라도 세부적인 내용이 약화될 가능성이 크다.

법안 3: 서비스 전환 통한 경쟁 호환성 증진법[70]

이 법의 목표는 데이터의 이전, 호환을 쉽게 해서 지배적 플랫폼의 영향력을 낮추는 것이다. 예를 들어 페이스북에서 (지금은 사라졌지만) 싸이월드로 소셜미디어를 갈아타고 싶은 고객이 있다고 가정해보자. 지금은 페이스북에서 활동한 내역, 즉 친구 목록과 사진, 댓글 내용 등을 새로운 플랫폼으로 옮길 수 없다. 당연히 페이스북은 그 데이터를 공유하지 않으려 할 것이고, 새로운 플랫폼도 데이터를 끌어올 수 없다. 서비스 전환 통한 경쟁 호환성 증진법은 바로 이러한 데이터 장벽을 낮춰서 소비자가 플랫폼과 서비스를 원하면 더 쉽게 바꿀 수 있게 한다. 플랫폼 전환 비용을 대폭 낮춰 경쟁을 촉진하겠다는 것이다. 앞서 언급한 안드로이드 위치 서비스 데이터를 다른 지도 서비스가 접근할 수 있게 하는 것도 이 법을 통해서 할 수 있다. 이 법은 기존의 연방거래위원회의 유저 데이터 공유 조항인 5장의 적용 범위를 디지털 온라인 플랫폼으로 확장한 것이다.

법은 이용자의 데이터를 함부로 상업적으로 독점 이용하지 못하게 막고 있는데, 플랫폼상에서 나의 활동 내역, 내 데이터를 내가 마음대로 할 수 없는 상황을 어떻게 감독할지에 관해 추가로 논의가 필요하다.

법안 4: 플랫폼 경쟁과 기회법[71]

이 법은 지정 플랫폼의 인수·합병, 특히 수직적 합병을 견제하고 제한하기 위한 법이다. 거대 기업의 인수·합병을 제한한 1914년 클레이튼법을 보완한 법인데, 미리 정한 플랫폼의 인수·합병만 따로 엄격히 심사, 제한한다는 점에서는 클레이튼법과 다르다.

플랫폼 경쟁과 기회법은 지정 플랫폼이 다른 기업이나 서비스를 인수할 때 이 인수·합병이 경쟁을 저해하지 않는다는 점을 직접 입증해야 한다고 명시했다. 과거에는 법무부나 규제 당국이 이를 입증해야 했다. 즉, 인수 대상이 플랫폼의 (잠재적인) 경쟁자가 아니고, 인수 결과 플랫폼의 시장 지배력이 강화되지 않는다는 점을 지정 플랫폼이 직접 입증해야 한다. 이 법이 있었다면 페이스북이 왓츠앱이나 인스타그램을 사들이기 어려웠을 것이다.

법안 5: 인수·합병 신고 수수료 인상법[72]

이 법은 연방거래위원회와 법무부 반독점국 등 규제 기관의 예산을 충원하고 자원을 배분하는 법으로, 패키지법 안에서 가장 논란이 덜한 법에 속한다. 쉽게 말해 기업이 인수·합병 신고서를 낼 때 그 수수료를 올린 것인데, 늘어난 수입은 연방거래위원회나 법무부 반독점국에 배정된다. 현행 수수료는 인수 규모가 1억 달러 이하일 때 신고 수수료가 45,000달러, 5억 달러 이하일 때 125,000달러인데, 이를 30% 올린다는 내용이 골자다.

법안 6: 주 반독점법 소송 관할지법[73]

소송당했을 때 피고인 빅테크 기업이 관할 법원을 자기들에게 유리한 곳으로 함부로 옮기지 못하게 제한을 두는 법이다. 예를 들어 텍사스주 법무부가 구글에 반독점 소송을 제기했는데, 구글은 본사가 있는 캘리포니아로 사건을 이관해달라고 요청했다. 소송 과정에서 제출해야 할 자료가 캘리포니아에 있다는 것이 이유였는데, 법원은 디지털 시대에 어울리지 않는 요구라며 구글의 요청을 기각했다. 빅테크 기업들이 소송 비용을 높이거나 시간을 끌려고 전략적으로 관할지를 이리저리 옮기는 경우도 있는데, 이 법은 그런 꼼수를 차단하고 있다.

어렵사리 법사위까지는 통과했으나 반독점 패키지법이
본회의를 통과해 법으로 제정될지, 법안이 된다면 초안 가운데
어느 정도가 살아남고 어떤 부분이 축소될지는 좀 더 지켜봐야
한다. 하원 본회의, 상원을 거치면서 법안이 수정될 수도
있으며, 바이든 행정부가 의회와 오랫동안 줄다리기 중인
인프라 법안의 후속 법령 처리 상황에 영향을 받을 수도 있다.
이 과정에서 연방거래위원회를 비롯한 규제 기관과 지정
플랫폼 네 곳은 물밑에서 로비를 이어가며, 공개적으로도
치열한 논리 다툼을 벌일 것으로 보인다.

6. 결론

우리는 이미 수많은 영역이 디지털화된 세상에 살고 있다.
디지털 시대의 경제를 구동하는 엔진은 '핵심 거래 파트너'가
된 플랫폼 기업들인데, 이 플랫폼들이 우리 삶에 어떤 영향을
끼치고 있는지에 대해 그동안 우리는 무심했고, 정부와 규제
당국은 무지했다. 그러는 사이 과도하게 집중된 시장 권력이
실질적인 피해를 일으키는 사례도 등장했다. 대표적인 사례가
지난 몇 년간 잇따른 스캔들을 겪고, (그것 때문은 아니라고
하지만) 회사 이름까지 바꾼) 페이스북이다. 빅테크 플랫폼
기업의 독점 문제를 등한시했던 트럼프 행정부를 지나 바이든
행정부가 들어서면서 미국은 이 문제를 정부 차원에서 다루기
시작했다.

우리나라의 상황은 어떨까?[74] 이에 관해 자세히 논의하는 것은
이 보고서의 범위를 벗어나는 일이므로, 다음번 토의 또는
연구 과제로 남겨놓으려 한다. 간략하게만 짚어보자면 아래와
같이 정리할 수 있다.
우리나라도 네이버, 카카오, 쿠팡 등 플랫폼 기업의 영향력이
점차 커지고 있지만, 아마존이나 구글 등 미국 반독점
패키지법이 지정 플랫폼으로 정한 기업만큼 시장의 모든
참여자들이 절대적으로 의존할 만큼 권력이 집중됐는지는
면밀히 분석해봐야 한다. 지금 미국의 상황만큼 플랫폼 기업의
영향력이 크지 않다면 지정 플랫폼을 선정하는 일은 신중할

필요가 있다. 실제로 네이버와 카카오의 시가총액은 빠르게
상승했지만, 네이버와 카카오의 경제력 집중이 애플이나
아마존만큼 공고하다고 보기는 어렵다. 또한, 한국에는
시가총액을 기준으로 대기업집단을 지정하는 등 공개기업을
감독하는 기존의 방식이 있으므로, 이를 활용하는 것도
검토해볼 수 있다.

한국에서도 주요 플랫폼 사업자들이 아마존의 자체 브랜드
밀어주기처럼 이른바 자사 우대 행위를 하다
공정거래위원회로부터 과징금을 부과받거나 임의 업체와
배타적 거래를 시도해 경쟁 업체의 사업 기회를 차단하려 했던
사례가 있다. 사안별로 불공정 경쟁, 위법 여부를 따지기보다
규제의 원칙을 어떻게 정할지 문제를 정리하는 것이 우선일
것이다.

네이버나 카카오, 쿠팡의 경제력 집중이 당장 규제를 적용해야
할 만큼은 아니라도 주요 플랫폼이 스타트업들을
인수·합병하는 과정은 꼼꼼히 들여다볼 필요가 있다. 해당
인수·합병이 잠재적인 경쟁의 싹을 자르는 행위가 아닌지 살펴
시장의 경쟁과 역동성을 유지해야 한다는 말이다. 다만
미국처럼 벤처캐피털이나 기업 투자 시장이 크지 않은
한국에서는 대기업에 비싼 값에 인수되는 것이 스타트업의
전략적인 목표가 될 수도 있다. 규제 당국은 이러한 한국적
특성도 간과하지 말아야 한다.

리나 칸 위원장의 두 논문에서 우리가 얻을 수 있는 가장
중요한 교훈은 시장 가격만 가지고 독점 여부를 판단하지

말아야 한다는 것이다. 그보다 시장의 권력을 독차지한 핵심 거래 파트너가 권력을 이용해 어떤 사업을 벌이고, 시장에 참여하는 업체들을 어떻게 대하는지를 두루 살펴야 한다. 제품 가격, 플랫폼 수수료 등 쉽게 숫자를 확인할 수 있는 것만 규제하는 건 쉽다. 우리 규제 당국은 눈에 잘 띄지 않는 시장의 구조나 권력 문제를 두루 살필 수 있어야 한다. 시카고 학파의 주장에 경도돼 디지털 시대, 플랫폼 경제의 특징을 잘 이해하지 못한 탓에 뒤늦게 이미 막강한 독점 기업이 돼 버린 빅테크 플랫폼과 힘겨운 줄다리기를 하고 있는 미국의 경험을 우리는 타산지석으로 삼아야 할 것이다.

후주

1 유럽연합 집행위원회: Competition Policy for The Digital Era. https://ec.europa.eu/competition/publications/reports/kd0419345enn.pdf

2 Marc Rysman(2009), "양면시장의 경제(The Economics of Two-Sided Markets)" https://www.aeaweb.org/articles?id=10.1257/jep.23.3.125

3 엄밀히 말하면 플레이스테이션(소니)이나 엑스박스(마이크로소프트) 등 콘솔 중심의 비디오게임 시장이다. 현재 게임 업계는 클라우드 컴퓨팅 기반 구독 서비스 모델로 재편을 꾀하고 있다. 마이크로소프트가 게임사 액티비전 블리자드를 인수한 것도 이러한 재편 중에 일어난 일인데, 이에 관해선 뒤에 다시 살펴보겠다. 다만 새로운 구독 서비스 모델도 게이머와 게임 개발사의 결정이 마이크로소프트 또는 다른 게임 구독 플랫폼을 통해 서로 영향을 미치는 양면시장으로 볼 수 있다.

4 지난 2월 13일 열린 56회 슈퍼볼 하프타임 광고에서 가장 돋보인 광고는 미국 최대 가상자산 거래소 코인베이스(Coinbase)의 광고였다. 광고에 띄운 QR코드로 접속자가 몰려 한때 코인베이스 웹사이트가 마비되기도 했다. 더버지: Coinbase's bouncing QR code Super Bowl ad was so popular it crashed the app https://www.theverge.com/2022/2/13/22932397/coinbases-qr-code-super-bowl-ad-app-crash

5 마이크로소프트를 이 목록에 넣어야 한다는 주장도 있지만, 보고서 뒤에 살펴볼 미국 하원이 최근 발의한 반독점 규제 패키지법이 규제 대상으로 지목한 지정 플랫폼에서 마이크로소프트는 빠졌으므로, 보고서는 4개 플랫폼만 다루기로 한다.

6 Yale Law Journal - Amazon's Antitrust Paradox. 보고서에서 이하 "첫

번째 논문"으로 병기.

https://www.yalelawjournal.org/note/amazons-antitrust-paradox

[7] THE SEPARATION OF PLATFORMS AND COMMERCE - Columbia Law Review. 보고서에서 이하 "두 번째 논문"으로 병기.

https://columbialawreview.org/content/the-separation-of-platforms-and-commerce/

[8] 빅테크 기업 네 곳의 이해관계 충돌 사례는 리나 칸 위원장의 "두 번째 논문"을 주로 참조했다.

[9] 워싱턴포스트: How Big Tech got so big: Hundreds of acquisitions

https://www.washingtonpost.com/technology/interactive/2021/amazon-apple-facebook-google-acquisitions/

[10] 지난해 여름 카카오 모빌리티는 택시 호출 및 배차 수수료와 관련해 논란의 중심에 섰다. 비판이 계속되자 고객이 요금을 부담해야 하던 스마트 호출을 없애고, 택시 기사에게 받던 수수료도 대폭 낮추는 등 상생 방안을 내놓았다.
조선일보: 손님은 웃돈, 기사는 추가 수수료... '택시 독점' 카카오만 웃는다
https://www.chosun.com/national/2021/06/14/5ATO7HJ6ONFFVO7L4B7JTVUJVU/
전자신문: [플랫폼 상생 논란] 카카오, 택시 '스마트 호출' 없앤다...대리 수수료는 최저 0%
https://m.etnews.com/20210914000224

[11] 마크업: Amazon Puts Its Own "Brands" First

https://themarkup.org/amazons-advantage/2021/10/14/amazon-puts-its-own-brands-first-above-better-rated-products

[12] 다만 현재 미국의 규제 법령은 제품과 플랫폼의 관계를 어디까지

밝혀야 하는지에 관해서는 규정이 명확하지 않다.

13 리나 칸 위원장이 예로 든 아마존 베이직스는 그나마 이름에서 아마존의 자체 브랜드임을 어렵잖게 짐작할 수 있다. 반대로 이름만 봐서는 아마존이 소유한 브랜드라는 걸 전혀 짐작할 수 없는 브랜드 제품들이 아마존 검색결과나 팝업 광고 등에서 버젓이 특혜를 누리는 경우도 많았다. 마크업이 소비자들에게 아마존의 자체 브랜드 목록을 주고 이 가운데 몇 개가 아마존의 자체 브랜드일지 맞춰보라고 했을 때 대부분 소비자는 아마존 자체 브랜드를 가려내지 못했다.

14 A Tale of Two Slings: Peak Design and Amazon Basics
https://www.youtube.com/watch?v=HbxWGjQ2szQ&t=50s

15 2020년 월스트리트저널은 실제로 아마존이 플랫폼에서 수집한 데이터를 가지고 경쟁 제품을 만들었다고 폭로했다. 기사 제목은 다음과 같다. "아마존, 플랫폼에 입점한 판매상의 데이터 활용해 경쟁 제품 출시(Amazon Scooped Up Data From Its Own Sellers to Launch Competing Products)"
https://www.wsj.com/articles/amazon-scooped-up-data-from-its-own-sellers-to-launch-competing-products-11587650015

16 AlphaGo | DeepMind
https://deepmind.com/research/case-studies/alphago-the-story-so-far

17 항공권 수직검색 전문 업체 카약과 구글 항공권의 검색결과를 비교한 비즈니스 인사이더 기사: We used Google Flights and Kayak to see which is best for booking travel — here's the verdict
https://www.businessinsider.com/google-flights-vs-kayak-compared-2018-8

18 이에 관해 2011년 연방거래위원회가 구글의 반독점 혐의를 조사했었는데, 월스트리트저널이 해당 조사 보고서를 입수해 단독 보도하면

서 혐의 가운데 일부가 사실로 드러났다.

http://graphics.wsj.com/google-ftc-report/

[19] 구글이 검색 시장에서 경쟁사에 불이익을 주는 식으로 지배적인 플랫폼 사업자의 권력을 남용한 혐의에 대해 2017년 유럽연합 집행위원회(EC) 공정거래위원회는 구글에 24억 유로의 벌금을 매겼다. 이에 대해 지난해 11월 10일 유럽 하급법원은 규제 당국의 결정이 타당하다고 손을 들어줬다.

폴리티코: Vestager's court win opens way for more Google cases

https://www.politico.eu/article/eu-commission-margrethe-vestager-wins-google-shopping-case/

[20] 구글이 인수한 스타트업이 어떤 서비스, 제품의 밑거름이 됐는지 정리해놓은 위키피디아 페이지가 따로 있다. 페이스북(메타), 아마존, 애플의 인수·합병 목록도 있다.

https://en.wikipedia.org/wiki/List_of_mergers_and_acquisitions_by_Alphabet

https://en.wikipedia.org/wiki/List_of_mergers_and_acquisitions_by_Meta_Platforms

https://en.wikipedia.org/wiki/List_of_mergers_and_acquisitions_by_Amazon

https://en.wikipedia.org/wiki/List_of_mergers_and_acquisitions_by_Apple

[21] 페이스북의 법무 담당 부사장 제니퍼 뉴스테드가 블로그에 쓴 글이다.

https://about.fb.com/news/2020/12/lawsuits-filed-by-the-ftc-and-state-attorneys-general-are-revisionist-history/

[22] 가디언: Facebook documents published by UK – the key takeaways

https://www.theguardian.com/technology/2018/dec/05/facebook-documents-uk-parliament-key-facts

23 월스트리트저널: How to Fix Social Media
https://www.wsj.com/articles/how-to-fix-social-media-11635526928

24 월스트리트저널: Facebook Files
https://www.wsj.com/articles/the-facebook-files-11631713039

25 뉴욕타임스: Apple Becomes First Company to Hit $3 Trillion Market Value
https://www.nytimes.com/2022/01/03/technology/apple-3-trillion-market-value.html

26 CNBC: Apple buys a company every few weeks, says CEO Tim Cook
https://www.cnbc.com/2019/05/06/apple-buys-a-company-every-few-weeks-says-ceo-tim-cook.html

27 월스트리트저널: Apple and the End of the Car as We Know It
https://www.wsj.com/articles/apple-and-the-end-of-the-car-as-we-know-it-11621656010

28 토마 필리퐁, "거대한 전환(The Great Reversal)"
https://www.hup.harvard.edu/catalog.php?isbn=9780674237544

29 토마 필리퐁, "시장 집중화의 정치경제(The Economics and Politics of Market Concentration)"
https://www.nber.org/reporter/2019number4/economics-and-politics-market-concentration#return-6

30 채드 사이버슨, "소매 분야 혁신 보고서(The Ongoing Evolution of US Retail: A Format Tug-of-War)" https://www.nber.org/papers/w21464

31 미국 항공사 합병 일지

https://www.airlines.org/dataset/u-s-airline-mergers-and-acquisitions/

[32] 워싱턴포스트: The decline of American entrepreneurship — in five charts
https://www.washingtonpost.com/news/on-small-business/wp/2015/02/12/the-decline-of-american-entrepreneurship-in-five-charts/

[33] 사실 21세기 들어 가장 두드러지는 슈퍼스타 기업은 대부분 테크 기업들이다. 빅테크 기업이 어떻게 성장했는지는 앞 장에서 살펴봤고, 또 이들의 독점 행위가 왜 문제인지에 관해선 다음 장에서 자세히 살펴볼 것이므로, 이 장에선 자세히 언급하지 않기로 한다.

[34] 데이비드 오터 외, "노동의 비중 감소와 슈퍼스타 기업의 등장(The Fall of the Labor Share and the Rise of Superstar Firms)"
https://academic.oup.com/qje/article/135/2/645/5721266

[35] 아마존이 풀필먼트 센터 등에서 많은 노동자를 고용한다고 해도 과거 자동차 공장 등 제조업이나 월마트 같은 슈퍼마켓 체인의 고용 규모에 비하면 훨씬 작다. 자동화는 디지털 기반 플랫폼 경제의 특징이기도 하다.

[36] 다론 아스모글루 외, "미국의 세제는 자동화에 너무 많은 혜택을 줬나?(Does the US tax code favor automation?)"
https://www.brookings.edu/bpea-articles/does-the-u-s-tax-code-favor-automation/

[37] 바이든 대통령이 지난해 7월 9일 발표한 "미국 경제의 경쟁을 촉진하기 위한 행정명령(Executive Order on Promoting Competition in the American Economy)"을 보면, 연방 정부 12개 부처에 총 72가지 세칙을 지시했는데, 행정명령의 골자는 경쟁을 강화하는 데 있다.
https://www.whitehouse.gov/briefing-room/presidential-

actions/2021/07/09/executive-order-on-promoting-competition-in-the-american-economy/

38 미국 연방거래위원회(FTC)가 정리한 반독점 규제의 짧은 역사
https://www.consumer.ftc.gov/sites/default/files/games/off-site/youarehere/pages/pdf/FTC-Competition_Antitrust-Laws.pdf

39 대공황을 극복하고 2차 세계대전을 승전으로 이끈 프랭클린 루즈벨트(FDR)보다 덜 알려졌지만, 테드 루즈벨트 대통령은 미국 역사학자들에게 역대 최고의 대통령을 꼽아달라는 설문조사를 하면 늘 링컨 대통령이나 초대 대통령을 지낸 조지 워싱턴과 수위를 다툰다. 비즈니스 인사이더: These are the top 25 US presidents, according to historians and biographers (and why you won't find Trump on the list)
https://www.businessinsider.com/the-top-20-presidents-in-us-history-according-to-historians-2017-2

40 The Curse of Bigness: Antitrust in the New Gilded Age
https://globalreports.columbia.edu/books/the-curse-of-bigness/

41 Standard Oil - Wikipedia. https://en.wikipedia.org/wiki/Standard_Oil
한국어 위키피디아 페이지도 있지만, 아쉽게도 설명이 부실하다.
https://ko.wikipedia.org/wiki/스탠더드_오일

42 1882~1906년 스탠더드 오일의 순이익은 8억 3878만 3800달러였다. 이 가운데 주주에게 지급한 배당금은 총 5억 4843만 6천 달러로 배당금 지급률은 (순이익의) 65.4%에 달했다.

43 존 디노보 "1900-1939 중동에서 미국의 이해관계"
https://books.google.com/books?id=X21GnILv-KcC&pg=PA169

44 두 회사는 1999년 다시 하나로 합쳐 지금 우리가 아는 엑손모빌(ExxonMobil)이 되었다.

[45] 장거리와 통신 장비, 연구소를 소유했던 모회사는 지금 우리가 아는 AT&T로 남았다.

[46] 예를 들어 윌리엄 메이슨(William Mason, 공화, 일리노이) 의원은 1890년 6월 20일, 의회에서 이렇게 말했다. "신탁 덕분에 제품을 싸게 생산할 수 있게 됐고, 가격도 낮아졌습니다. 그러나 예를 들어 기름값이 배럴당 1센트로 낮아진다고 해도 신탁이 정당한 경쟁을 파괴해 멀쩡한 기업을 파산으로 내모는 한 이 나라 국민에게 잘못을 저지르는 건 변함없습니다."
https://www.wsj.com/articles/SB121599638732549745

[47] Richard A. Posner | University of Chicago Law School
https://www.law.uchicago.edu/faculty/posner-r

[48] The Antitrust Paradox Hardcover – April 12, 2021 리나 칸 위원장이 논문 제목을 "아마존의 반독점 역설(Amazon's Antitrust Paradox)"로 지은 건 보크의 이 책을 겨냥한 것으로 보인다.
https://www.amazon.com/Antitrust-Paradox-Robert-H-Bork/dp/1736089706

[49] 책에서 보크는 소비자 효용이 곧 분배의 효율성이라고 주장했다. (consumer welfare = allocative efficiency) 보크는 소비자 효용을 적정 가격에서 오는 효용뿐 아니라 전반적인 효용의 합으로 봤는데, 소비자가 (적정 가격보다 비싸게) 독점 가격을 지불하더라도 소비자 효용의 손실이 아니라고 주장했다. 왜냐하면, 독점 기업가가 다른 시장에서는 소비자이기도 하므로, 독점 가격에 따라 거래가 체결되면 이는 소비자 효용의 손실이 아니라 서로 다른 계급의 소비자 사이에서 소득이 이전되는 효과가 나는 것일 뿐이라는 논리였다.

[50] Reiter v. Sonotone Corp 판결.
https://supreme.justia.com/cases/federal/us/442/330/

51 집권 말기인 1987년 레이건 대통령은 보크를 대법관 후보로 지명했다. 그러나 보크가 워터게이트 사건 때 닉슨 대통령의 요청을 받아들여 콕스 특별검사를 해임한 장본인이었다는 점 때문에 상원의 지지를 받지 못했고, 보크의 대법관 인준안은 42-58로 상원에서 부결됐다.

52 Utah Pie v. Continental Baking 판결.
https://supreme.justia.com/cases/federal/us/386/685/

53 리나 칸 대담 영상: When is 'Big' Just Too Big?
https://www.youtube.com/watch?v=XujlefsuTS0&t=12s

54 2012년 애틀란틱에 여성이 겪어야 할 구조적인 불평등 문제를 일갈한 칼럼 "Why Women Still Can't Have It All"을 써서 대중적인 유명세도 얻은 앤마리 슬로터 교수가 프린스턴 국제정책대학원(구 우드로 윌슨 스쿨) 원장직을 내려놓고 뉴 아메리카의 CEO로 일하고 있다.
https://www.theatlantic.com/magazine/archive/2012/07/why-women-still-cant-have-it-all/309020/
https://www.newamerica.org/our-people/anne-marie-slaughter/

55 최근 들어 아마존은 조금씩 이윤을 내고 있는데, 이는 발생한 이윤을 즉시 재투자하거나 다른 기업을 합병하는 데 쓸 수 있던 전자상거래, 소매 분야와 달리 클라우드 컴퓨팅 분야에서 나는 이윤은 무척 크고 이미 경쟁 업체가 많지 않아 재투자할 곳이 마땅치 않다. 아마존 웹서비스(AWS)는 클라우드 컴퓨팅 분야에서 시장 점유율 1위다.

56 1998년 베조스가 주주들에게 보낸 편지
http://media.corporate-ir.net/media_files/irol/97/97664/reports/Shareholderletter98.pdf

57 올해 한 번 더 연 $139로 회비를 올릴 예정이지만, 이번에도 가격 인상에 프라임 서비스를 해지하는 고객은 많지 않을 것이다. 쿠팡도 와우 회원비를 최근 월 2,900원에서 4,990원으로 올렸지만, 소비자들

은 대체로 "여전히 와우 회원제로 누릴 수 있는 혜택을 생각하면 월회비는 싼 편"이라고 여기는 분위기다. 테크엠: 쿠팡이 와우멤버십 가격 70%나 올렸는데...소비자 반발 없는 이유는?
https://www.techm.kr/news/articleView.html?idxno=92645

58 지난 2월 3일 실적 발표에 따르면, 전 세계적으로는 160만 명을 고용하고 있다.
https://s2.q4cdn.com/299287126/files/doc_financials/2021/q4/business_and_financial_update.pdf

59 블룸버그: Will Amazon Kill FedEx?
https://www.bloomberg.com/features/2016-amazon-delivery/

60 아마존 마켓플레이스에서 발생하는 이해관계 충돌 문제는 앞서 2장에서 자세히 소개한 마크업의 기사가 꼼꼼히 다루고 있다. 네이버 프리미엄 콘텐츠에 기사를 요약해 글을 썼다. 플랫폼 경제 독점 기업의 초상화: 아마존 검색결과
https://contents.premium.naver.com/newspeppermint/main/contents/211028042553278cl

61 다만 2020년 민주당 대선 경선에 나섰던 엘리자베스 워런 상원의원이 공약으로 내걸었던 "빅테크 기업을 분할하자(Break Up Big Tech)"는 구호가 당시에는 과격하고 급진적인 주장으로 여겨졌지만, 불과 2~3년이 지난 지금은 훨씬 더 진지하게 받아들여지고 있다는 점은 놀랍다.

62 리나 칸 위원장은 싱크탱크 뉴 아메리카에서 빅테크 기업을 감시하고 견제하기 위해 출범한 열린 시장 감시기구(Open Markets Institute)의 법무팀장을 지냈으며, 현재 소비자금융 보호원(CFPB, Consumer Financial Protection Bureau)의 로힛 초프라 원장이 연방거래위원으로 일할 때 초프라 위원실에서 법률 자문으로 일하기도 했다.

https://en.wikipedia.org/wiki/Lina_Khan

[63] 2년 회기인 미국 의회에서 한 회기에만 1만 개 넘는 법안이 발의된다. 그 가운데 실제 법으로 제정되는 건 약 2% 정도로, 대부분 법안은 분과위원회를 넘지 못한다.

[64] 복스: Microsoft is buying one of the biggest names in games — if Washington lets it
https://www.vox.com/recode/2022/1/18/22889342/microsoft-activision-antitrust-games-streaming-gamepass

[65] 연방거래위원회와 법무부 보도자료
https://www.ftc.gov/news-events/press-releases/2022/01/ftc-and-justice-department-seek-to-strengthen-enforcement-against-illegal-mergers

[66] CNBC: Microsoft appeals to regulators with new app policies so they don't kill its $69 billion Activision deal
https://www.cnbc.com/2022/02/09/microsoft-issues-app-principles-ahead-of-activision-acquisition.html

[67] American Choice and Innovation Online Act
https://www.congress.gov/bill/117th-congress/house-bill/3816

[68] Ending Platforms Monopoly Act
https://www.congress.gov/bill/117th-congress/house-bill/3825

[69] 글래스스티걸법은 1930년대 대공황 이후 생겨난 법으로 상업은행과 투자은행을 분리한 법이다. 1999년 이후 규제가 잇달아 완화돼 지금은 사실상 폐지됐다.

[70] ACCESS (Augmenting Compatibility and Competition by Enabling Service Switching)

https://www.congress.gov/bill/117th-congress/house-bill/3849

[71] Platform Competition and Opportunity Act
https://www.congress.gov/bill/117th-congress/house-bill/3826

[72] Merger Filing Fee Modernization Act
https://www.congress.gov/bill/117th-congress/house-bill/3843

[73] State Antitrust Enforcement Venue Act
https://www.congress.gov/bill/117th-congress/house-bill/3460

[74] 다음 보고서를 주로 참조했다. KDI 한국개발연구원: 미국의 플랫폼 빈독점법안 도입과 시사점
https://www.kdi.re.kr/research/subjects_view.jsp?pub_no=17171